Pizza modo mio

John Lanzafame

AGRADECIMIENTOS

Muchísimas gracias a Peter Evans por abrirme tantas puertas. . . e impedir que luego se cerraran. Es un verdadero amigo, al que puedo llamar «colega». Nunca podría haber hecho esto sin su ayuda.

Gracias a mi representante, Lisa Sullivan, que me insufló tantísima confianza.

Gracias a Glen Austin, un auténtico chef que me ha llevado a lugares a los que nunca pensé que podría llegar. Gracias también al equipo olímpico del Australian Culinary de 2008: Rick Stephens, Peter Wright, Neil Abrahams, Andre Kropp, Shannon Kellam, Adrian Tobin, Shane Keighley, Matt McBain y Gary Farrell. Todos ellos aspiran a la excelencia culinaria, y me han presentado platos que son realmente de primer orden mundial.

Gracias a todas las personas de Murdoch Books, que han soportado mis preguntas infinitas y mis errores tipográficos para conseguir que mi primer libro sea tan estupendo. Gracias, Jane, Hugo, Kate, Alan, Christine y Paul: si vuestras cabezas no hubieran funcionado como una sola, este libro no habría llegado donde está.

Gracias a Justine, Isabella y Dante: sin su apoyo y esas noches sin dormir que pasaron trabajando conmigo, nunca habría obtenido ninguno de los elogios que he cosechado en mi vida. Son las mejores personas, las más preciadas y las más cariñosas que hay en mi vida. **TI AMO PER SEMPRE**.

Título original: *Pizza modo mio*

Primera edición en 2008 por Murdoch Books Pty Limited

© 2008, John Lanzafame, por el texto
© 2008, Murdoch Books, por la fotografía
© 2008, Murdoch Books, por el diseño
© 2009, Random House Mondadori, S.A.,
   por la presente edición.
   Travessera de Gràcia, 47-49. 08021 Barcelona
© 2009, Daniel Menezo, por la traducción

Fotocomposición: puntgroc s.l.

ISBN: 978-84-253-4333-9

Depósito legal: B. 12.393-2009

Impreso en EGEDSA, Sabadell (Barcelona)

G R 4 3 3 3 9

Dirección: Juliet Rogers
Dirección de publicaciones: Kay Scarlett

Responsable de edición: Jane Lawson
Edición: Paul McNally
Diseño y maquetación: Hugh Ford
Edición de alimentos: Christine Osmond
Fotografía: Alan Benson
Estilismo: Kate Brown
Producción: Nikla Martin

Pizza modo mio

John Lanzafame

Grijalbo

Sumario

Introducción

Cuando escucho la expresión «campeón mundial de pizza», me echo a reír: fue una etiqueta que conseguí por pura casualidad. Había vendido mi restaurante, Lanzafame, y había comenzado a trabajar en GPO, en Sydney's Martin Place, donde estaba la mar de satisfecho por haber vuelto a trabajar en los fogones. Una mañana, Spiro, el director del restaurante, llegó y me dijo que el chef pizzero llegaba tarde. Así que me preparé para sustituirle, pensando: «No puede ser tan difícil, ¿no? A fin de cuentas, ¡soy italiano!». A Spiro ya le había entrado el pánico y, para recuperar la calma, se había ido a no sé dónde a hartarse de café. Dispuse la leña en el horno, la encendí y encontré masa para pizza en la nevera. Con el menú en la mano, me puse manos a la obra. Lo único que recuerdo de ese día fue que Spiro pasó por la cocina y me dijo: «¡Eso es lo que yo llamo una pizza bien hecha!». Y así empezó todo.

Unos seis meses después me uní al grupo de Hugo como jefe de cocina en el local de Kings Cross, en Sidney. Peter Evans, su chef y propietario, me preguntó si querría trabajar con él para que su restaurante tuviera un sello muy personal. Después de tan solo tres semanas en el puesto, Peter me llamó para anunciarme que se había inscrito en la competición Dairy Farmers Best of the Best Pizza, pero que no le sería posible participar. «¿Te importaría sustituirme?», me preguntó. No podía negarme.

Sin tener ninguna expectativa, participé en la competición para la mejor pizza de Nueva Gales del Sur y, para mi sorpresa, ¡gané! Tras ganar la final estatal, me dispuse a participar en las finales nacionales. La misma mañana en que se celebraba la competición, pensaba: «¿Cómo narices he llegado yo aquí?». Llevaba muy poco tiempo preparando pizzas, y ahora iba a competir con los cinco mejores chefs de Australia, que habían superado a otros mil competidores. Y entonces, inesperadamente, gané también la competición australiana, para la que preparé una pizza de salmón fresco, cebolla roja y alcaparras fritas.

Tras obtener el premio nacional, viajé a Nueva York para competir en The America's Plate, el galardón más prestigioso en el mundo de la pizza dentro de Estados Unidos. En ese evento, uno compite contra algunos de los mejores chefs pizzeros del mundo. Tuve la suerte de conversar con Glen Austin antes de que se iniciase la competición. Glen, un australiano que juzga la calidad de las pizzas y que, además, ese año era el presidente de la competición, no me conocía personalmente e ignoraba que mi experiencia elaborando pizzas se reducía a menos de un año. Sin embargo, todos escucharon mis ideas, desde Glen hasta Peter Evans, pasando por el resto del equipo, y les gustaron. Así que aquella mañana, en Nueva York, tras enfrentarme a pizzeros profesionales procedentes de todo el mundo, gané el premio a la mejor pizza, seleccionada por un jurado de diez personas. Me sentí realmente orgulloso. Mi pizza ganadora sigue siendo una de mis favoritas: la de calamares rellenos (encontrarás la receta en la página 74).

Mi filosofía para hacer pizzas es sencilla: lo menos es más. Concéntrate en un sabor en lugar de en un conjunto de aromas. Prefiero con mucho hacer un montón de pequeñas pizzas, usando unos pocos ingredientes básicos, que una sola pizza grande recubierta de ellos. Además, la masa debe ser delgada y crujiente, ni gruesa ni insípida, y no debe estar a medio cocer. He viajado a suficientes lugares como para estar seguro de que a la gente le gusta más una base fina y crujiente.

A menudo utilizo ingredientes que son sobras de la noche anterior. De nuevo, la simplicidad es importante. Una de mis pizzas favoritas «de sobras» utiliza salsa boloñesa sobre una base de mozzarella, que luego se hornea y se remata con un poco de parmesano recién rallado. Es una pizza nada aparatosa, que se prepara fácilmente y, sobre todo, muy sabrosa.

Espero que disfrutes de *Pizza modo mio*, porque lo he escrito con el corazón. La pizza me ha llevado a lugares a los que jamás me había imaginado que podría ir, y me ha ayudado a forjar muchas amistades duraderas.

Recetas básicas

A continuación encontrarás algunos de los ingredientes básicos que utilizo cuando cocino, tanto en el trabajo como en mi casa. Mi madre me enseñó la mayor parte de las recetas; otras me las han ido explicando colegas de la profesión y también amigos. Muchos de estos ingredientes se pueden utilizar asimismo en otras recetas, como las de salsa para pasta. Tener un buen surtido de estos ingredientes básicos conlleva ahorrarse tiempo a la hora de cocinar, lo cual supone disponer de más tiempo para dedicarlo a la familia, que para mí es lo más importante del mundo.

Masa básica

Para elaborar 170 g de masa (suficiente para una pizza de 30 cm)

1 cucharadita de levadura seca
1 cucharadita de sal
100 ml de agua caliente
2 cucharaditas de aceite de oliva y un poco más para engrasar
160 g de harina común (multiuso) colada

Meter la levadura, la sal y el agua caliente en un bol pequeño y removerlo todo hasta que esté ligado. Poco a poco, añadir el aceite de oliva, sin dejar de remover y dejar reposar luego en un lugar cálido durante 10 minutos o hasta que la mezcla empiece a burbujear.

Añadir la harina y amasar durante 15 minutos o hasta que la masa esté suave y elástica. Pintar el interior de un bol grande con aceite de oliva. Pasar bien la masa por el interior del bol, de forma que se pinte de aceite y luego meterla en el recipiente, taparla con un paño limpio y dejarla en un lugar sin corriente de aire durante una hora o una hora y media o hasta que haya duplicado su tamaño.

Pinchar la masa para que libere el aire que pueda contener. (En esta fase se puede envolver la masa con film plástico y refrigerarla toda la noche o congelarla. Antes de seguir trabajándola, hay que ponerla a temperatura ambiente.) Meter la masa en una bandeja de horno forrada de papel para hornear, taparla y dejarla en un lugar donde no haya corriente de aire durante 15 minutos o hasta que vuelva a aumentar el equivalente a la mitad de su tamaño. La masa ya está lista para su uso.

Masa de parmesano

Quitar 50 g de harina común (multiuso) de la receta de masa básica (página 12), y luego preparar la masa como si fuera para esa receta. Cuando la masa haya ligado, añadir 50 g de queso parmesano rallado y amasar hasta que la mezcla esté suave y elástica.

Masa de hierbas naturales

Después de que la masa básica fermente y vuelva a bajar (página 12), añadir un cuarto de cucharadita de hierbas naturales, picadas muy finas, como albahaca, perifollo, perejil o cebollinos, amasar brevemente y proceder como si fuera la receta de la masa básica. (No añadir las hierbas a la mezcla antes de amasarla, porque eso alteraría su color.)

Masa integral

Sustituir la harina común (multiuso) en la receta de masa básica (página 12) por harina integral común (multiuso) y proceder como en el caso de esa receta.

Masa dulce

Para crear una capa caramelizada después de que la masa básica leude y baje (página 12), añadir una cucharadita de azúcar moreno a la masa, amasar brevemente y continuar el proceso habitual.

Masa sin gluten

Para elaborar dos porciones de masa de 170 g (suficientes para hacer dos pizzas de 30 cm)

40 g de harina de maíz (fécula de maíz)
40 g de harina de arroz
40 g de harina de tapioca
40 g de polenta amarilla fina y una cantidad extra para espolvorear
¼ de cucharadita de bicarbonato de soda
1 cucharada de sal
2 huevos ligeramente batidos
85 ml de aceite de oliva
125 ml (½ taza) de agua mineral con gas

Colocar todos los ingredientes secos en una batidora eléctrica que disponga de accesorio para amasar y batir.

Con la batidora a una velocidad baja, ir añadiendo gradualmente los huevos batidos, el aceite y el agua mineral, y amasar durante 10 minutos. Dividir la masa por la mitad, meterla en una bandeja de horno forrada de papel para hornear, taparla con film plástico y dejarla en la nevera una hora.

Espolvorear la polenta sobre dos hojas de papel para hornear y, a continuación, extender las dos porciones de masa sobre el papel, hasta formar una circunferencia de 30 cm de diámetro. Colocar la bandeja para pizza sobre cada circunferencia, y darle la vuelta con mucho cuidado (la masa es muy frágil porque carece de gluten).

Una vez se hayan extendido las bases, se pueden tapar con film plástico y mantener congeladas hasta un máximo de dos meses. Así se pueden usar tal como salen del congelador, sin necesidad de descongelarlas previamente.

Salsa básica para pizza

Para elaborar 250 ml (1 taza)

una lata de 250 ml (1 taza) de tomates cortados
un puñadito de hojas de albahaca o de orégano

Meter los tomates y la albahaca o el orégano en un robot de cocina, sazonar al gusto y luego batir hasta que adopte una consistencia suave. Esta salsa se puede guardar en la nevera hasta cinco días, o congelarse hasta tres meses.

Salsa de tomate

Para elaborar un litro (4 tazas)

1 cucharada de aceite de oliva
1 cebolla pequeña picada fina
1 diente de ajo cortado en láminas finas
500 g de morcillo trasero de ternera (corte de ossobuco)
125 ml (½ taza) de vino tinto seco
una lata de 500 ml (2 tazas) de tomates cortados

Calentar el aceite en una sartén de fondo grueso a fuego medio, añadir la cebolla y el ajo y cocinar 3-4 minutos o hasta que la cebolla esté translúcida. Agregar la carne de ternera y cocinar durante otros 5 minutos o hasta que se dore; incorporar entonces el vino y dejarlo a fuego lento hasta que se haya evaporado casi del todo. Añadir los tomates y 250 ml (1 taza) de agua, reducir a fuego bajo y dejarlo a fuego muy lento durante 2 horas o hasta que la carne empiece a desprenderse del hueso.

Apartar la carne de la salsa, tirar los huesos y desmenuzarla en tiras; devolverla luego a la sartén y sazonar al gusto. Esta salsa se puede conservar en la nevera durante cinco días como máximo o congelada un máximo de tres meses.

Paté de olivas verdes o negras

Para elaborar 250 ml (1 taza)

40 g de aceitunas verdes o negras sin hueso
2 cucharadas de aceite de oliva y un poco más para aliñar
4 filetes de anchoa
2 cucharadas de cebolla confitada (página 22)
2 cucharadas de ajo confitado (página 24)
1 cucharada de chile confitado (página 24)
3 cucharadas de perejil picado

Introducir todos los ingredientes en una licuadora o en un mortero, hacerlos puré o majarlos hasta que estén bien picados y añadir sal al gusto. Introducir la mezcla en un recipiente pequeño y cubrir la superficie con una fina capa de aceite. Este paté de olivas se conserva en la nevera hasta un mes como máximo. Cuando se use una parte, cubrir la superficie del paté de aceitunas con otra fina capa de aceite para evitar que se oxide.

Glaseado de marisco

Para elaborar 500 ml (2 tazas)

1 cucharada de aceite de oliva
1 kg de mejillones y almejas limpios y escurridos
250 ml (1 taza) de vino blanco seco
250 ml (1 taza) de crema de leche

Calentar el aceite en una sartén de fondo grueso a fuego alto, añadir los mariscos y el vino, taparla y cocer, y sacudir la sartén frecuentemente, durante 6-8 minutos o hasta que se abran las valvas. Echar el marisco a un escurridor, sacar la carne y tirar los ejemplares que no se hayan abierto.

Devolver a la sartén el jugo de marisco, añadir la crema de leche y dejar a fuego lento hasta que se reduzca en dos terceras partes. Devolver la carne de los mariscos a la salsa, remover y añadir sal al gusto y pimienta negra recién molida; luego, triturarlo todo en un robot de cocina hasta que adquiera una textura suave.

Cebolla confitada

Para elaborar 375 ml (1 ½ taza)

2 cebollas pequeñas picadas finas
150 ml de aceite de oliva

Precalentar el horno a 120 °C. Meter la cebolla y el aceite en una fuente pequeña para horno y cocerla durante 2 horas, comprobando que la cebolla no adquiera color. Sacar del horno, dejar enfriar y meter con una cuchara en un tarro esterilizado de 357 ml (1 ½ taza), cerrarlo herméticamente y conservar en el congelador hasta un máximo de tres meses.

Cebollas balsámicas

Para elaborar 125 ml (½ taza)

1 cucharada de aceite de oliva
1 cebolla cortada fina
1 ½ cucharada de azúcar moreno fino
4 cucharadas de vinagre balsámico

Calentar el aceite en una sartén de fondo grueso a fuego alto, añadir la cebolla y cocer durante 5 minutos o hasta que empiece a caramelizarse. Añadir el azúcar y remover hasta que se disuelva del todo, añadir luego el vinagre balsámico. Mezclar y dejar a fuego lento durante 6 minutos o hasta que la mezcla adquiera la textura de la confitura, pero sin quedar demasiado seca. Las cebollas balsámicas se pueden conservar en la nevera en un recipiente hermético diez días como máximo.

Chile confitado

Para elaborar 250 ml (1 taza)

350 g de chiles rojos o verdes largos (unos 16) cortados por la mitad, sin semillas
    y picados finos
150 ml de aceite de oliva

Precalentar el horno a 120 °C. Meter los chiles y el aceite en una bandeja de horno pequeña
y cocer durante 2 horas, asegurándose de que el chile no adquiera color. Sacar del horno,
dejar enfriar y conservar en un tarro esterilizado de 250 ml (1 taza), cerrarlo herméticamente
y conservar en el congelador hasta un máximo de tres meses.

Ajo confitado

Para elaborar 250 ml (1 taza)

200 g de dientes de ajo (unos 30) pelados
150 ml de aceite de oliva

Precalentar el horno a 120 °C. Meter el ajo y el aceite en una bandeja de horno pequeña y cocer
durante 2 horas, asegurándose de que el ajo no adquiera color. Sacar del horno, dejar enfriar y
conservar en un tarro esterilizado de 250 ml (1 taza), cerrarlo herméticamente y conservar en el
congelador hasta un máximo de tres meses.

Puré de chile verde

Para elaborar 500 ml (2 tazas)

250 ml (1 taza) de aceite de oliva
1 cebolla cortada fina
2 cucharadas de finas hierbas frescas como tomillo, albahaca y romero
300 g de chiles verdes largos, sin semillas y picados

Precalentar el horno a 180 °C. Calentar el aceite de oliva en una sartén de fondo grueso a fuego
lento, añadir la cebolla y las hierbas y dejar a fuego lento 6-8 minutos o hasta que esté tierna.
Añadir los chiles y dejar a fuego medio hasta que se doren. Meter la sartén en el horno y cocer
hasta que el chile esté tierno; a continuación, hacerlo puré y salpimentar al gusto.

Pesto. . . modo mio

Para elaborar 500 ml (2 tazas)

el zumo de 1 limón
2 puñados grandes de albahaca
2 cucharadas de piñones tostados
2 filetes de anchoa
3 cucharadas de queso parmesano rallado
80 ml (1/3 de taza) de aceite de oliva y una cantidad extra para aliñar
1 cucharada de cebolla confitada (página 22)
1 cucharada de ajo confitado (página 24)

Meter todos los ingredientes en un mortero o en un robot de cocina, y majar o batir hasta que adquieran una consistencia suave. Sazonar al gusto, verter en un tarro y cubrir con una fina capa de aceite de oliva. En la nevera, este pesto puede conservarse un mes. Después de usarlo, volver a añadir a la superficie del pesto otra capa fina de aceite para evitar que se oxide.

El parmesano de pobre

Para elaborar 1 taza más o menos

1 taza de pan duro desmenuzado
4 cucharadas de aceite de oliva
2 filetes de anchoa picados
1 puñado abundante de perejil picado

Meter el pan desmenuzado en un robot de cocina y triturar hasta que se formen migas gruesas. Calentar el aceite en una sartén a fuego medio, añadir los filetes de anchoa y dejar que se disuelvan en el aceite antes de añadir el perejil. Freír durante 30 segundos y luego añadir las migas a la sartén, y remover todo hasta que esté mezclado, crujiente y dorado.

Aliño de limón

Para elaborar tres cucharadas

1 cucharada de zumo de limón
2 cucharadas de aceite de oliva virgen extra

Meter el zumo de limón y el aceite en un tarro hermético, sazonar al gusto con sal marina y pimienta negra recién molida, y agitar hasta que esté todo bien mezclado.

Mayonesa

Para elaborar 250 ml (1 taza)

1 yema de huevo a temperatura ambiente
1 cucharada de mostaza de Dijon
2 cucharadas de zumo de limón
250 ml (1 taza) de aceite vegetal o bien una mezcla a partes iguales de aceite de oliva y aceite
   vegetal a temperatura ambiente

Meter la yema de huevo, la mostaza y el zumo de limón en un bol pequeño y batirlo para que se mezcle bien. Sin dejar de batir, añadir gradualmente el aceite, al principio gota a gota, y luego con un chorrito constante, hasta que la mezcla se vuelva muy densa. Sazonar al gusto.

Para obtener mayonesa de anchoas, usar una cucharadita de mostaza de Dijon y añadir a las yemas tres filetes de anchoa picados muy finos.

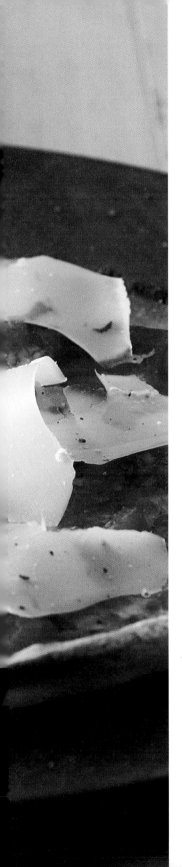

Pizzas tradicionales

«Tradicional» es un adjetivo que uso sin demasiado rigor, dado que no existe un registro oficial de pizzas «tradicionales», ni hay quien haga la pizza margarita exactamente igual que otro. Sin embargo, las pizzas que aparecen en este capítulo llevan en este mundillo más tiempo del que mi memoria alcanza a recordar. Son sencillas, sabrosas y populares, y es probable que las encuentres en cualquier buen menú de pizzas del mundo. La simplicidad de estas pizzas originales me inspira para crear las que elaboro en la actualidad. Tengo una deuda de gratitud con la multitud de pizzeros que idearon estas recetas «icónicas» mucho antes de mi época.

Pan de pizza básico

Para elaborar una pizza de 30 cm

sémola gruesa para espolvorear
1 porción de masa para pizza (página 12)
3 cucharadas de aceite de oliva virgen extra
sal marina para sazonar

Meter en el horno una piedra para pizza o una bandeja para horno de fondo grueso
y precalentarlo a 250 °C.

Espolvorear con una capa ligera de sémola la zona donde se vaya a amasar y extender luego la masa para pizza formando un círculo de 30 cm de diámetro, colocarlo en una bandeja para pizza y pinchar la base con la yema del dedo hasta que toda la masa esté irregular. Pintarla con el aceite de oliva y añadir una cantidad generosa de sal marina. Luego, depositar la masa sobre la piedra o la bandeja precalentada y cocer durante 5-6 minutos o hasta que la base esté dorada y crujiente.

Pizza de ajo

Para elaborar una pizza de 30 cm

sémola gruesa para espolvorear
1 porción de masa para pizza (página 12)
¼ de porción de ajo confitado (página 24), triturado en puré cremoso
1 cucharada de aceite de oliva virgen extra y un poco más para verter por encima
50 g (⅓ de taza) de queso mozzarella rallado
2 cucharadas de perejil picado
sal marina para sazonar

Meter en el horno una piedra para pizza o una bandeja para horno de fondo grueso
y precalentarlo a 250 °C.

Espolvorear con una capa ligera de sémola la zona donde se vaya a amasar y extender luego la masa para pizza formando un círculo de 30 cm de diámetro, colocarlo en una bandeja para pizza y pinchar la base con la yema del dedo hasta que toda la masa esté irregular. Recubrirla con el puré de ajo confitado, verter por encima un chorrito de aceite de oliva y luego repartir la mozzarella y el perejil; añadir sal marina al gusto. Poner sobre la piedra o la bandeja precalentada y cocer durante 5-6 minutos o hasta que la base esté dorada y crujiente. Sacar del horno, verter un chorrito más de aceite y servir.

Pizza margarita

Para elaborar una pizza de 30 cm

sémola gruesa para espolvorear
1 porción de masa para pizza (página 12)
½ medida de salsa básica para pizza (página 18)
1 cucharada de perejil picado
75 g (½ taza) de queso mozzarella rallado
180 g de tomates cherry cortados finos
6 hojas de albahaca
40 g de queso mozzarella de búfala cortado en 6 trozos
3 cucharadas de queso parmesano rallado

Meter en el horno una piedra para pizza o una bandeja para horno de fondo grueso
y precalentarlo a 250 °C.

Espolvorear ligeramente con sémola la zona donde se vaya a trabajar y luego extender la masa
para formar una circunferencia de 30 cm de diámetro. Depositarla en una bandeja para pizza
y pinchar toda la superficie con un tenedor. Extender la salsa de pizza por toda la superficie,
repartir por encima el perejil, el queso mozzarella rallado y los tomates. Depositar la bandeja
sobre la piedra o la bandeja precalentada y cocer durante 5-6 minutos o hasta que la base esté
dorada y crujiente.

Sacar del horno, decorar con hojas de albahaca y trocitos de la mozzarella. Espolvorear por
encima el parmesano rallado y servir.

Pizza de pepperoni

Para elaborar una pizza de 30 cm

sémola gruesa para espolvorear
1 porción de masa para pizza (página 12)
½ medida de salsa básica para pizza (página 18)
2 cucharadas de perejil picado
1 tomate pera cortado fino
50 g (⅓ de taza) de queso mozzarella rallado
100 g de pepperoni en lonchas finas
6 hojas de hierbabuena
40 g de queso mozzarella de búfala cortado en 6 trozos

Meter en el horno una piedra para pizza o una bandeja para horno de fondo grueso
y precalentarlo a 250 °C.

Espolvorear ligeramente con sémola la zona donde se vaya a trabajar y luego extender la masa
para formar una circunferencia de 30 cm de diámetro, depositarla en una bandeja para pizza y
pinchar toda la masa con un tenedor. Extender por la superficie la salsa para pizza y repartir por
encima el perejil, el tomate, la mozzarella y el pepperoni, en este orden. Colocar la bandeja sobre
la piedra o la bandeja para horno precalentada y cocer durante 5-6 minutos o hasta que la base
esté dorada y crujiente.

Sacar del horno, cortar en 6 porciones y rematar cada una con una hoja de hierbabuena
y un trocito de mozzarella de búfala.

Pizza de jamón ahumado

Para elaborar una pizza de 30 cm

2 cucharadas de aceite de oliva
150 g de champiñones silvestres cortados finos
2 cucharadas de vinagre balsámico
2 cucharadas de azúcar blanco muy fino
sémola gruesa para espolvorear
1 porción de masa para pizza (página 12)
½ medida de salsa básica para pizza (página 18)
2 cucharadas de perejil picado
75 g (½ taza) de queso mozzarella rallado
70 g de tiras de jamón ahumado
30 g de queso taleggio

Calentar el aceite en una sartén de fondo grueso a fuego alto, añadir los champiñones y cocer durante 4-5 minutos o hasta que se doren. Apartar del fuego y sazonar al gusto.

Entretanto, meter el vinagre balsámico y el azúcar en una cacerola pequeña y dejar a fuego lento hasta que se reduzca en dos terceras partes. Apartar del fuego y reservar.

Meter la piedra para pizza o la fuente para horno de fondo grueso en el horno y precalentarlo a 250 °C.

Espolvorear ligeramente con sémola el lugar donde se amase y extender luego la masa formando una circunferencia de 30 cm, colocarla sobre la bandeja para pizza y pinchar toda la superficie con un tenedor. Extender sobre la superficie la salsa para pizza y repartir por encima el perejil, la mozzarella, los champiñones y el jamón, en este orden. Desmenuzar el queso taleggio en trozos pequeños y repartir por encima de la pizza; a continuación, colocar la bandeja sobre la piedra precalentada o en la fuente y cocer durante 5-6 minutos o hasta que la base esté dorada y crujiente. Sacar del horno, verter el vinagre balsámico reducido y servir.

Pizza de patata, anchoas, romero y lardo del tocino

Para elaborar una pizza de 30 cm

sémola gruesa para espolvorear
1 porción de masa para pizza (página 12)
1 cucharada de aceite de oliva
10 lonchas finas de lardo del tocino
1 patata grande, sin pelar, cortada en rodajas muy finas
2 cucharaditas de ramitas de romero
75 g (½ taza) de queso mozzarella rallado
3 cucharadas de virutas de queso pecorino
3 dientes de ajo confitados (página 24), cada uno cortado en 4 partes

Meter en el horno una piedra para pizza o una bandeja de fondo grueso para horno y precalentarlo a 250 °C.

Espolvorear ligeramente con sémola la zona de amasar y extender luego la masa formando una circunferencia de 30 cm, colocarla en una bandeja para pizza y pinchar toda la superficie con un tenedor. Verter el aceite por toda la superficie y repartir por encima el jamón y los filetes de anchoa. Colocar encima la patata, formando capas que se solapen ligeramente, las ramitas de romero, los quesos y el ajo confitado, en este orden. Colocar sobre la piedra o la bandeja precalentada y cocer durante 5-8 minutos o hasta que la base esté dorada y crujiente.

Esta pizza también se puede servir con rodajas de carne de cordero asado por encima.

Pizza puttanesca

Para elaborar una pizza de 30 cm

sémola gruesa para espolvorear
1 porción de masa para pizza (página 12)
½ medida de salsa básica para pizza (página 18)
180 g de tomates cherry cortados finos
1 cucharada de alcaparras
3 cucharadas de olivas verdes o negras sin hueso
4 filetes de anchoa
1 cucharada de perejil picado
1 cucharada de ajos confitados (página 24) picados finos
75 g (½ taza) de queso mozzarella rallado

Meter en el horno una piedra para pizza o una bandeja de fondo grueso para horno
y precalentarlo a 250 °C.

Espolvorear ligeramente con sémola la zona de amasar y extender luego la masa formando
una circunferencia de 30 cm. Extender primero la salsa para pizza, repartir por encima los otros
ingredientes y sazonar al gusto. Depositarla sobre la piedra o la bandeja precalentada y cocer
durante 5-6 minutos o hasta que la base esté dorada y crujiente.

Pizza de jamón serrano

Para elaborar una pizza de 30 cm

sémola gruesa para espolvorear
1 porción de masa para pizza (página 12)
½ medida de salsa básica para pizza (página 18)
75 g (½ taza) de queso mozzarella rallado
6 hojas de albahaca
1 tomate pera cortado fino
6 lonchas de jamón serrano
1 puñado abundante de hojas de rúcula
2 cucharadas de aceite de oliva virgen extra
1 cucharada de vinagre balsámico
35 g (⅓ de taza) de virutas de queso parmesano

Meter en el horno una piedra para pizza o una bandeja de fondo grueso para horno
y precalentarlo a 250 °C.

Espolvorear ligeramente con sémola la zona de amasar, extender luego la masa formando una
circunferencia de 30 cm y pincharla con un tenedor. Recubrirla con salsa para pizza y repartir
por encima la mozzarella, la albahaca y el tomate. A continuación, ponerla sobre la piedra
precalentada o en la bandeja y cocer 5-6 minutos o hasta que la base esté dorada y crujiente.

Sacar la pizza del horno y repartir el jamón por encima. Meter las hojas de rúcula en un tazón
con el aceite de oliva y el vinagre balsámico, sazonar al gusto, repartir por encima del jamón
y espolvorear con las virutas de parmesano antes de servir.

46 Pizza marinera

Para elaborar una pizza de 30 cm

2 cucharadas de aceite de oliva
10 mejillones limpios
100 g de pulpitos limpios y cortados en trozos de 2 cm
10 gambas pequeñas crudas, peladas y desvenadas
60 g de filete de pescado blanco y firme, sin piel y cortado en trozos de 1 cm
1 calamar, lavado y cortado en aros de 5 mm, y reservar los tentáculos
2 cucharadas de perejil
½ medida de salsa básica para pizza (página 18)
sémola gruesa para espolvorear
1 porción de masa para pizza (página 12)
75 g (½ taza) de queso mozzarella rallado
unos trozos de limón para servir

Calentar una cucharada del aceite de oliva en una sartén de fondo grueso, añadir los mejillones, tapar la sartén e ir removiendo a fuego alto durante 3 minutos o hasta que se abran los mejillones. Echarlos en un colador colocado sobre un tazón (reservar los jugos) y, cuando estén lo bastante fríos como para manipularlos, sacar la carne de las valvas. Tirar los mejillones que no se hayan abierto.

Devolver la carne a la sartén, añadir el aceite restante y añadir luego los aros de calamares y sus tentáculos, las gambas, el pescado y los pulpitos, y rehogar a fuego alto durante 2 minutos o hasta que estén cocidos casi del todo. Añadir el perejil y sazonar al gusto; luego verter el marisco en un colador situado sobre un tazón y devolver la sartén al fuego. Añadir la salsa para pizza y los jugos del marisco (incluido el de los mejillones) y dejar a fuego lento durante 6 minutos o hasta que la mezcla haya espesado ligeramente.

Meter en el horno una piedra para pizza o una bandeja de fondo grueso y precalentarlo a 250 ºC.

Espolvorear ligeramente con sémola la zona de amasar, extender la masa formando una circunferencia de 30 cm y pincharla con un tenedor. Recubrirla con la salsa para pizza, repartir la mozzarella por encima y luego el marisco. Colocar sobre la piedra o la bandeja precalentada y cocer durante 5-6 minutos o hasta que la base esté dorada y crujiente. Servir la pizza con trozos de limón para aderezarla.

Pizza capricciosa

Para elaborar una pizza de 30 cm

2 cucharadas de aceite de oliva
100 g de setas de cardo
sémola gruesa para espolvorear
1 porción de masa para pizza (página 12)
1 tomate pera cortado fino
1 cucharada de chile confitado (página 24)
100 g de pollo ahumado cortado
3 cucharadas de aceitunas negras sin hueso
60 g de queso mozzarella de búfala troceado
1 puñado de hojas de albahaca
35 g (1/3 de taza) de virutas de queso parmesano
2 cucharadas de mayonesa de anchoa (página 28)

Calentar el aceite de oliva en una sartén de fondo grueso a fuego alto y, cuando esté muy caliente, añadir las setas y cocer durante 3-4 minutos o hasta que estén tiernas. Sacarlas de la sartén, escurrirlas bien y sazonar al gusto.

Meter en el horno una piedra para pizza o una bandeja de fondo grueso para horno y precalentarlo a 250 ºC.

Espolvorear ligeramente con sémola la zona de amasar, extender la masa formando una circunferencia de 30 cm y pincharla con un tenedor. Extender el tomate por la superficie, verter por encima el chile confitado y repartir luego el pollo ahumado, las setas de cardo, las aceitunas, la mozzarella y la albahaca, en este orden. Colocar la pizza sobre la piedra o la bandeja precalentada y cocer durante 5-6 minutos o hasta que la base esté dorada y crujiente.

Sacar del horno, espolvorear por encima las virutas de parmesano, aliñar con la mayonesa de anchoa y servir.

Modo mio

Las pizzas *modo mio*, o «a mi manera», son aquellas que te hablan de mí y de mi estilo culinario. En este capítulo encontrarás todas mis favoritas: recetas sencillas y sabrosas con ingredientes que me gusta utilizar en el día a día. Estoy seguro de que a ti también te gustarán, pero debes sentir toda la libertad para prepararlas al *modo vostro*, ¡a tu estilo! Como corresponde a mis orígenes, estas recetas son muy italianas (del sur de Italia), donde el estilo es sencillo y los ingredientes son muy buenos. Como todas las pizzas, estas tienen que prepararse rodeados de familiares y de amigos para compartir la diversión de elaborarlas y luego comérselas.

La favorita de mamá: pizza de hongos fritos

Para elaborar una pizza de 30 cm

3 cucharadas de aceite de oliva
150 g de champiñones pequeños
3 dientes de ajo cortados finos
1 chalota francesa cortada fina
2 cucharaditas de chiles rojos, frescos y largos, sin semillas
70 g (½ taza) de hongos *boletus edulis* frescos, cortados
50 g (⅓ de taza) de queso mozzarella rallado
sémola gruesa para espolvorear
1 porción de masa de parmesano (página 14)
30 g (⅓ de taza) de virutas de queso pecorino picante y trufado
10 g de virutas finas de trufa negra fresca

Calentar una cucharada del aceite de oliva en una sartén de fondo grueso a fuego alto, añadir los champiñones y la mitad del ajo, la chalota y el chile y rehogar 8 minutos o hasta que se doren. Apartar del fuego la mezcla de champiñones, sazonar al gusto y hacerla puré, en un robot de cocina o en una batidora, hasta obtener una salsa sin grumos.

Limpiar la sartén, calentar el aceite restante, añadir los hongos *boletus edulis* y el resto del ajo, la chalota y el chile, y calentar a fuego medio durante 5-8 minutos o hasta que los *boletus edulis* estén dorados. Apartar del fuego y sazonar al gusto.

Meter en el horno una piedra para pizza o una bandeja de fondo grueso y precalentarlo a 250 ºC.

Espolvorear ligeramente con sémola la zona de amasar, extender la masa formando una circunferencia de 30 cm y pincharla con un tenedor. Extender por la superficie el puré de champiñones, repartir por encima la mozzarella y los *boletus edulis* fritos. Depositar sobre la piedra de pizza o la bandeja precalentada y cocer durante 5-8 minutos o hasta que la base esté dorada y crujiente. Sacar del horno, espolvorear por encima las virutas de pecorino y de trufa negra y servir.

Pizza de tomates sicilianos y queso parmigiano reggiano

Para elaborar una pizza de 30 cm

Salsa de tomate frito siciliana
80 ml (⅓ de taza) de aceite de oliva
1 cebolla cortada fina
4 dientes de ajo cortados finos
2 tomates verdes o rojos cortados

sémola gruesa para espolvorear
1 porción de masa para pizza (página 12)
50 g (⅓ de taza) de queso mozzarella rallado
35 g (⅓ de taza) de virutas de queso parmigiano reggiano

Para elaborar la salsa de tomate frito siciliana, calentar el aceite de oliva en una sartén de fondo grueso a fuego medio, añadir la cebolla y el ajo y cocer durante 5 minutos o hasta que estén dorados. Añadir los tomates, reducir el fuego a muy bajo y cocinar, removiendo frecuentemente, durante 10 minutos, o hasta que el aceite empiece a separarse y la mezcla esté densa como el puré de tomate concentrado. No hay que sazonar la salsa, dado que ya estará muy concentrada y sabrosa.

Meter en el horno una piedra para pizza o una bandeja de fondo grueso y precalentarlo a 250 °C.

Espolvorear ligeramente con sémola la zona de amasar, extender luego la masa formando una circunferencia de 30 cm y pincharla con un tenedor. Extender la mitad de la salsa de tomate siciliana por la superficie (el resto se conservará en un recipiente hermético en la nevera hasta un máximo de una semana) y luego repartir por encima la mozzarella. Colocar sobre la piedra o la bandeja precalentada y cocer durante 5-8 minutos o hasta que la base esté dorada y crujiente. Sacar del horno, repartir el parmesano por encima (¡sobre todo los charquitos de queso fundido!) y servir.

Pizza de espárragos con nueces molidas y aceite de trufa

Para elaborar una pizza de 30 cm

1 cucharada de aceite de oliva
1 cebolla blanca cortada fina
sémola gruesa para espolvorear
1 porción de masa para pizza (página 12)
100 g (½ taza) de requesón de cabra
2 cucharadas de perejil
50 g (⅓ de taza) de queso mozzarella rallado
4 espárragos verdes escaldados
1 huevo de granja
2 cucharadas de queso parmesano rallado
1 cucharada de nueces tostadas molidas
3 cucharadas de virutas de queso parmesano
1½ cucharada de aceite de trufa blanca

Meter en el horno una piedra para pizza o una bandeja de fondo grueso y precalentarlo a 250 °C.

Calentar el aceite en una sartén de fondo grueso a fuego alto, añadir la cebolla y cocinar 4-5 minutos o hasta que se dore.

Espolvorear ligeramente con sémola la zona de amasar, extender luego la masa formando una circunferencia de 30 cm y pincharla con un tenedor. Extender el requesón de cabra por la superficie, repartir por encima el perejil picado, la cebolla y la mozzarella. Cortar los espárragos por la mitad, a lo largo, y disponer sobre la pizza. Con cuidado, cascar el huevo en el centro de la pizza y extenderlo junto con el parmesano rallado; a continuación colocar la base sobre la piedra o la bandeja precalentada y cocer durante 5-8 minutos o hasta que la base esté dorada y crujiente. Sacar del horno, repartir por encima las nueces molidas y las virutas de parmesano, aliñar con aceite de trufa y servir.

Pizza de calabaza

Para elaborar una pizza de 30 cm

3 cucharadas de azúcar moreno
120 g de calabaza cortada en trozos de 1 cm
1 puñadito de ramitas de romero
1 cabeza de ajo con la parte superior cortada y desechada
1 calabacín cortado a lo largo en tiras de 2 mm de grosor
aceite de oliva para pintar
sémola gruesa para espolvorear
1 porción de masa para pizza (página 12)
2 cucharadas de piñones tostados
2 cucharadas de perejil picado
2 cucharadas de cebollas balsámicas (página 22)
30 g de queso gorgonzola suave desmigajado
75 g (½ taza) de queso mozzarella rallado

Meter en el horno una piedra para pizza o una bandeja de fondo grueso y precalentarlo a 180 °C.

Mezclar la calabaza, el azúcar moreno, el romero y el ajo en una fuente para horno de fondo grueso y asar 15 minutos o hasta que esté todo dorado y tierno.

Meter las tiras de calabacín en una bandeja para horno de fondo grueso formando una sola capa, pintar con un poco de aceite de oliva y sazonar al gusto, y luego cocer durante 2-3 minutos o hasta que estén tiernas.

Aumentar la temperatura del horno a 250 °C.

Espolvorear ligeramente con sémola la zona de amasar, extender la masa formando una circunferencia de 30 cm y pincharla con un tenedor. Pintar la superficie con aceite y luego repartir por ella los piñones, el perejil y las cebollas balsámicas. Cubrir con las tiras de calabacín, la calabaza asada y los quesos; a continuación, depositar sobre la piedra o la bandeja precalentada y cocer durante 5-6 minutos o hasta que la base esté dorada y crujiente.

Pizza de salami sopressa

Para elaborar una pizza de 30 cm

Peperonata

1 pimiento rojo, 1 amarillo y 1 verde
500 ml (2 tazas) de aceite de oliva
1 puñado abundante de hojas de albahaca
1 puñado abundante de perejil
1 cebolla cortada fina
3 dientes de ajo cortados finos

sémola gruesa para espolvorear
1 porción de masa para pizza (página 12)
75 g (½ taza) de queso mozzarella rallado
40 g de queso taleggio u otro queso blando
10 lonchas finas de salami *sopressa* o de
    mortadela
3 cucharadas de virutas de hinojo
2 cucharadas de aliño de limón (página 28)

Para elaborar la *peperonata*, asar los pimientos en un horno bien caliente hasta que la piel se ennegrezca. Pelarlos, quitar las semillas y cortarlos en tiras largas y estrechas. Calentar el aceite de oliva en una cazuela de fondo grueso a fuego alto y, cuando esté bien caliente, añadir la albahaca y el perejil y dejar durante 40 segundos o hasta que estén crujientes. Hay que tener cuidado para no quemar las hierbas. Usando una cuchara con ranuras, sacar las hierbas fritas y secarlas en papel de cocina. Añadir la cebolla y el ajo a la cazuela y dejar a fuego medio durante 10 minutos o hasta que la cebolla esté caramelizada. Añadir las tiras de pimiento asado y las hierbas fritas, mezclar y luego apartarlas del fuego y dejarlas enfriar; sazonar al gusto. La *peperonata* se conserva en la nevera hasta un máximo de una semana. Con estos ingredientes se elaboran 750 ml (3 tazas).

Meter en el horno una piedra para pizza o una bandeja de fondo grueso y precalentarlo a 250 ºC.

Espolvorear ligeramente con sémola la zona de amasar, extender luego la masa formando una circunferencia de 30 cm y pincharla con un tenedor. Recubrir la superficie con 250 ml (una taza) de la *peperonata*, repartir por encima los quesos, depositar sobre la piedra o la bandeja precalentada y cocer durante 5-8 minutos o hasta que la base esté dorada y crujiente.

Sacar del horno y repartir el salami *sopressa* por encima. Mezclar el hinojo picado con el aliño de limón, aliñar la pizza con la mezcla y servir.

Pizza a los cuatro quesos

Para elaborar una pizza de 30 cm

500 ml (2 tazas) de aceite vegetal
1 puñado abundante de hojas de albahaca
1 puñado abundante de perejil y una cucharada más de perejil picado
sémola gruesa para espolvorear
1 porción de masa para pizza (página 12)
40 g de queso mozzarella rallado
35 g (1/3 de taza) de queso parmesano rallado
30 g de queso gorgonzola suave
1 higo cortado en seis trozos
40 g de queso mozzarella de búfala troceado
2 cucharadas de mayonesa de anchoas (página 28)
1 cucharada de aceite de oliva virgen extra
1 cucharada de chile confitado (página 24)

Meter en el horno una piedra para pizza o una bandeja de fondo grueso y precalentarlo a 250 °C.

Calentar el aceite en una cazuela de fondo grueso a fuego alto y, cuando esté bien caliente, añadir la albahaca y las hojas de perejil y dejarlas 30 segundos o hasta que estén crujientes. Hay que tener cuidado para no quemar las hierbas. Usando una cuchara con ranuras, sacar las hierbas fritas y secarlas en papel de cocina.

Espolvorear ligeramente con sémola la zona de amasar y extender luego la masa formando una circunferencia de 30 cm y repartir por la superficie la mozzarella rallada y la mitad del parmesano y enrollar apretadamente. Cortar el rollo en rodajas gruesas de 2,5 cm; colocarlas todas con la parte cortada mirando arriba, sobre la zona de trabajo y volver a enrollarlas formando una circunferencia de 30 cm. Depositar en una bandeja para pizza y pincharla toda con un tenedor.

Mezclar en un tazón el gorgonzola, el resto del parmesano y el perejil picado, y extenderlo luego sobre la superficie, depositarla en la piedra para pizza o en la bandeja precalentada y cocer durante 5-6 minutos o hasta que la base esté dorada y crujiente.

Sacar del horno, rematar con el higo, la mozzarella de búfala y las hierbas fritas, y luego aliñar con la mayonesa de anchoas, el aceite de oliva virgen extra y el chile confitado, sazonar al gusto y servir.

Pizza de gambas al chile y salsa verde

Para elaborar una pizza de 30 cm

200 g de gambas crudas, peladas, desvenadas y cortadas longitudinalmente en tres trozos
1 cucharada de chile confitado (página 24)
1 cucharada de ajo confitado (página 24)
sémola gruesa para espolvorear
1 porción de masa para pizza (página 12)
½ medida de salsa básica para pizza (página 18)
6 hojas de albahaca
1 tomate pera cortado en rodajas de 5 mm de grosor
75 g (½ taza) de queso mozzarella rallado
½ pimiento rojo pequeño asado y pelado, sin semillas
   y cortado fino

Salsa verde
10 hojas de menta
2 puñados abundantes de perejil
el zumo de 1 limón
3 filetes de anchoa
80 ml (⅓ de taza) de aceite de oliva virgen extra

Mezclar las gambas, el chile y el ajo confitados en un tazón, taparlo y dejarlo en la nevera toda la noche.

Para elaborar la salsa verde, meter todos los ingredientes en un robot de cocina, hacer un puré suave y sazonar al gusto. La salsa verde se conserva en la nevera hasta un máximo de una semana. Se elaboran 250 ml (una taza).

Meter en el horno una piedra para pizza o una bandeja de fondo grueso y precalentarlo a 250 °C.

Espolvorear ligeramente con sémola la zona de amasar y extender luego la masa formando una circunferencia de 30 cm. Extender la salsa para pizza por toda la superficie y repartir por encima la albahaca, el tomate en rodajas, la mozzarella, las gambas y los pimientos cortados, en este orden. Depositar sobre la piedra o la bandeja precalentada y cocer durante 5-8 minutos o hasta que la base esté dorada y crujiente. Sacar del horno, aliñar con dos cucharadas de salsa verde y servir.

Pizza de albóndigas italianas

Para elaborar una pizza de 30 cm

Albóndigas

50 g de carne de cerdo triturada

50 g de carne de ternera triturada

2 cucharaditas de ajo confitado (página 24)

3 cucharadas de cebolla confitada
 (página 22)

½ cucharadita de chile confitado (página 24)

10 g de migas de pan blanco tierno

1 cucharada de perejil picado

1 yema de huevo

1 cucharada de aceite de oliva

sémola gruesa para espolvorear

1 porción de masa para pizza (página 12)

½ medida de salsa básica para pizza
 (página 18)

75 g (½ taza) de queso mozzarella rallado

6 hojas de albahaca

2 tomates pera cortados en trozos grandes

1 cucharada de orégano fresco recién picado

3 dientes de ajo confitado y 80 ml
 (⅓ de taza) de aceite de ajo confitado
 (página 24)

35 g (⅓ de taza) de virutas de queso
 parmesano

Para elaborar las albóndigas, mezclar en un bol todos los ingredientes menos el aceite y sazonar al gusto. A continuación, formar con la mezcla bolitas del tamaño de canicas. Calentar el aceite en una sartén de fondo grueso a fuego medio y cocinar las albóndigas durante 5-6 minutos o hasta que se doren.

Meter en el horno una piedra para pizza o una bandeja de fondo grueso y precalentarlo a 250 °C.

Espolvorear ligeramente con sémola la zona de amasar, extender la masa formando una circunferencia de 30 cm y pincharla con un tenedor. Repartir la salsa para pizza por toda la superficie y luego echar por encima la mozzarella, la albahaca y las albóndigas. Depositar sobre la piedra o la bandeja precalentada y hornear de 5-8 minutos o hasta que la base esté dorada y crujiente.

Entretanto, meter en un tazón los tomates, el orégano, los dientes de ajo confitados y el aceite, y sazonarlos al gusto. Sacar la pizza del horno, cubrirla con la ensalada de tomate, luego espolvorear por encima las virutas de parmesano y servir.

Pizza caponata de berenjena

Para elaborar una pizza de 30 cm

Caponata de berenjena
½ berenjena (cortada longitudinalmente)
80 ml (⅓ de taza) de aceite de oliva
1 cucharada de perejil picado
1 cebolla picada fina
1 tomate pera sin semillas y picado
2 cucharaditas de vinagre de vino tinto

Puré de berenjena
1 diente de ajo picado fino
1 cucharada de mantequilla sin sal blanda

sémola gruesa para espolvorear
1 porción de masa para pizza (página 12)
6 hojas de albahaca
1 tomate pera cortado en lonchas de 5 mm
50 g (⅓ de taza) de queso mozzarella
 rallado
3 rodajas finas de queso mozzarella
 ahumado

Para elaborar la *caponata*, pelar la berenjena y cortar la piel en trozos de 5 mm; reservar la pulpa para elaborar el puré (a continuación). Calentar 3 cucharadas del aceite en una sartén de fondo grueso a fuego medio, añadir la piel de la berenjena y freír durante 6 minutos o hasta que esté crujiente. Verter la piel de la berenjena en un colador situado sobre un tazón y devolver el aceite colado a la sartén. Añadir el perejil y la mitad de la cebolla y freír 2 minutos; luego, añadir el tomate y el vinagre y sazonar al gusto sin dejar de remover. La *caponata* de berenjena se conserva en la nevera hasta un máximo de una semana. Se elaboran 250 ml (una taza).

Para preparar el puré de berenjena, cortar la pulpa reservada en trozos de 1 cm. Calentar 1 cucharada de aceite en una cazuela de fondo grueso a fuego medio, añadir el ajo y el resto de la cebolla picada y cocinar durante 5 minutos o hasta que esté tierno. Añadir la pulpa de berenjena picada y dejar otros 5 minutos al fuego o hasta que esté bien tierna. Añadir la mantequilla, remover y pasar la mezcla por un robot de cocina o una batidora hasta que se forme una pasta suave; sazonar al gusto. Se elaboran 125 ml (½ taza).

Meter en el horno una piedra para pizza o una bandeja de fondo grueso y precalentarlo a 160 °C. Cortar el resto de la pulpa de berenjena en rodajas muy finas, pintarlas ligeramente con aceite y disponerlas formando una capa única en una fuente para horno; sazonar al gusto y hornear durante 8-10 minutos o hasta que esté tierna.

Aumentar la temperatura del horno a 250 °C. Extender la masa sobre una bandeja para pizza con un poco de sémola formando una circunferencia de 30 cm y pincharla con un tenedor. Repartir por toda la superficie 3 cucharadas de puré de berenjena, luego las hojas de albahaca, las rodajas de tomate, la berenjena al horno y los quesos, en este orden. Depositar la pizza en la piedra para pizza o en la bandeja precalentada y dejar en el horno 5-8 minutos o hasta que la base esté dorada y crujiente. Sacar del horno, repartir por encima 125 ml (½ taza) de *caponata* escurrida y servir.

Pizza ovalada de perdiz confitada e higos asados

Para elaborar una pizza ovalada de 30 cm

Perdiz confitada
2 perdices deshuesadas
2 cucharadas de sal marina
500 ml (2 tazas) de aceite de oliva

sémola gruesa para espolvorear
1 porción de masa para pizza (página 12)
$^1/_3$ de medida de salsa básica para pizza (página 18)
1 cucharada de cebolla confitada (página 22)
1 cucharada de chile confitado (página 24)
2 cucharadas de perejil picado
3 cucharadas de queso mozzarella de búfala rallado
45 g de queso gorgonzola suave
1 higo grande o 2 pequeños, cortados
el zumo de 1 limón
3 cucharadas de queso parmigiano reggiano rallado

Para elaborar las perdices confitadas, meterlas en un plato llano, espolvorearlas con sal, darles la vuelta para que se impregnen bien y meterlas 2 horas en la nevera. Precalentar el horno a 60 °C. Lavar las perdices, secarlas con papel de cocina y meter en una fuente para horno llana. Verter por encima el aceite de oliva y hornearlas 3 horas, asegurándose de que la temperatura del aceite no sobrepase los 60 °C. Sacar las perdices del horno, dejarlas en su grasa hasta que se enfríen y luego sacarlas y cortarlas en trozos grandes.

Meter en el horno una piedra para pizza o una bandeja de fondo grueso y precalentarlo a 250 °C.

Espolvorear ligeramente con sémola la zona de amasar, extender luego la masa formando un óvalo de 30 cm, pincharla con un tenedor y depositarla en una bandeja para pizza. Extender por toda la superficie la salsa para pizza, repartir por encima la cebolla y el chile confitados, el perejil, la mozzarella, el gorgonzola, la carne de las perdices y los higos, en este orden. Moldear todo el perímetro de la pizza para que forme un borde de 2 cm, recubriendo los extremos del relleno; a continuación, usando los dedos, ir presionando todo el borde a intervalos de 1 cm, para sellarlo. Depositar la pizza sobre la piedra o la bandeja precalentada y dejar en el horno 6-8 minutos o hasta que la base esté dorada y crujiente. Sacarla del horno, exprimir por encima el zumo del limón, espolvorear con el parmesano y servir.

Pizza de morcilla

Para elaborar una pizza de 30 cm

1 cucharada de aceite de oliva
1 cebolla pequeña cortada fina
sémola gruesa para espolvorear
1 porción de masa para pizza (página 12)
½ medida de salsa básica para pizza (página 18)
30 g de falda de cerdo ahumada cortada en lonchas finas
40 g de queso mozzarella ahumado rallado
20 g de queso mozzarella rallado
1 cucharada de perejil picado
80 g de morcilla cortada fina
35 g (⅓ de taza) de virutas de manzana verde
1 cucharada de nueces tostadas trituradas
1 cucharada y ½ de vinagre balsámico de manzana
2 cucharaditas de aceite de oliva virgen extra

Calentar el aceite en una sartén de fondo grueso a fuego bajo, añadir la cebolla y cocinar
4-5 minutos o hasta que esté tierna.

Meter en el horno una piedra para pizza o una bandeja de fondo grueso y precalentarlo a 250 °C.

Espolvorear ligeramente con sémola la zona de amasar, extender luego la masa formando una
circunferencia de 30 cm, ponerla en una bandeja para pizza y pincharla con un tenedor. Extender
por toda la superficie la salsa para pizza y repartir por encima la carne de cerdo ahumada, la
cebolla, los quesos, el perejil y la morcilla, en este orden. Sazonar al gusto y luego depositar
en la piedra o la bandeja precalentada y cocer 5-8 minutos o hasta que la base esté dorada
y crujiente.

Entretanto, mezclar la manzana rallada, las nueces, el vinagre y el aceite y añadir sal al gusto.
Sacar la pizza del horno, cubrirla con el aliño de manzana y servir.

Pizza de calamares rellenos

Para elaborar una pizza de 30 cm

Calamares rellenos

40 g (⅓ de taza) de carne de cangrejo cocida y cortada en trocitos

3 cucharadas de migas de pan blanco tierno

1 cucharada de perejil picado

1 yema de huevo

2 calamares, de unos 10 cm de longitud, lavados

2 cucharadas de aceite de oliva

4 hojas de albahaca

3 tomates pera picados

sémola gruesa para espolvorear

1 porción de masa para pizza (página 12)

75 g (½ taza) de queso mozzarella rallado

1 puñado abundante de tallos de berro cortados en trocitos

2 cucharadas de aliño de limón (página 28)

1 cucharada de huevas de pescado

Meter en el horno una piedra para pizza o una bandeja de fondo grueso y precalentarlo a 160 °C.

Para preparar los calamares rellenos, mezclar la carne de cangrejo, las migas, el perejil y la yema de huevo en un tazón, y añadir sal al gusto. Rellenar los calamares con la mezcla y cerrar el extremo usando un palillo. Calentar el aceite en una sartén de fondo grueso para horno y ponerla a fuego alto, añadir los calamares y dejarlos hasta que se doren; entonces, añadir la albahaca y el tomate picado, meter la sartén en el horno y dejarla 25 minutos o hasta que los calamares estén tiernos. Sacarlos del horno y dejarlos enfriar en la sartén.

Subir la temperatura del horno a 250 °C.

Espolvorear ligeramente con sémola la zona de amasar, extender luego la masa formando una circunferencia de 30 cm, ponerla en una bandeja para pizza y pincharla con un tenedor. Pintar toda la superficie con la salsa producida durante la cocción de los calamares; a continuación, cortar estos en rodajas finas y repartirlos por encima. Echar por encima la mozzarella y sal al gusto, depositarla sobre la piedra o la bandeja precalentada durante 5-8 minutos o hasta que la base esté dorada y crujiente. Sacar del horno. Mezclar en un bol el berro y el aliño de limón, aderezar con ellos la pizza, cubrir con las huevas de pescado ralladas y servir.

Pizza de berenjena y pollo a la parrilla confitado

Para elaborar una pizza de 30 cm

1 berenjena grande cortada por la mitad
   a lo largo
1 cucharada de ajo confitado (página 24)
1 cucharada de cebolla confitada (página 22)
1 cucharada de chile confitado hecho con
   chiles rojos (página 24)
3 chiles rojos largos y frescos
sémola gruesa para espolvorear
1 porción de masa para pizza (página 22)
50 g (1/3 de taza) de queso mozzarella rallado
30 g (1/3 de taza) de queso pecorino rallado
   al chile
2 cucharaditas de perejil picado

Pollo a la parrilla confitado
1 pollo a la parrilla deshuesado
500 ml (2 tazas) de aceite de oliva
   y un poco más para aliñar
3 dientes de ajo
4 hojas de albahaca o de perejil

Precalentar el horno a 60 °C. Para elaborar el pollo confitado, meter todos los ingredientes en una cazuela, asegurándose de que el pollo esté bien cubierto de aceite, y hornear 2 horas y media, comprobando que la temperatura del aceite no supere los 60 °C (regular con un termómetro). Sacar del horno y dejar que el pollo se enfríe en el aceite.

Aumentar la temperatura del horno a 140 °C. Meter en una fuente para horno las dos mitades de la berenjena, con la parte cortada hacia arriba, pintarlas con los alimentos confitados, añadir sal y hornear 1-1 ½ hora o hasta que la pulpa esté bien tierna. Extraerla usando una cuchara, aplastarla bien con un tenedor y añadir sal al gusto.

Entretanto, calentar una sartén a fuego alto hasta que esté muy caliente y empiece a desprender humo, añadir los chiles enteros y dejarlos 1 minuto o hasta que se ennegrezcan y la piel empiece a resquebrajarse. Dejarlos enfriar, pelarlos, cortarlos por la mitad, quitarles las semillas y aliñarlos con aceite de oliva.

Meter en el horno una piedra para pizza o una bandeja de fondo grueso y aumentar la temperatura a 250 °C. Espolvorear ligeramente con sémola la zona de amasar y extender luego la masa formando una circunferencia de 30 cm, ponerla en una bandeja para pizza y pincharla con un tenedor. Recubrir la superficie con el puré de berenjena, rematarla con los chiles cortados a lo largo y el pollo a la brasa escurrido y troceado; repartir por encima la mozzarella, el pecorino y el perejil. Depositar la pizza sobre la piedra o la fuente precalentada y cocerla 5-8 minutos o hasta que la base esté dorada y crujiente.

Pizza de ventresca de salmón con paté de olivas verdes

Para elaborar una pizza de 30 cm

sémola gruesa para espolvorear
1 porción de masa para pizza (página 12)
¼ de paté de olivas verdes (página 20)
65 g (⅓ de taza) de queso ricotta al horno (se encuentra en tiendas especializadas),
    desmigajado
120 g de ventresca de salmón cortada fina
6 hojas tiernas de achicoria roja cortadas
el zumo de 1 limón
1 cucharada de aceite de oliva
2 cucharadas de parmesano de pobre (página 26)

Meter en el horno una piedra para pizza o una bandeja de fondo grueso y precalentarlo a 250 °C.

Espolvorear ligeramente con sémola la zona de amasar y extender luego la masa formando una circunferencia de 30 cm y pincharla con un tenedor. Extender el paté de olivas por la superficie y repartir luego por encima el queso ricotta al horno, depositar sobre la piedra o la bandeja precalentada y hornear 5-8 minutos o hasta que la base esté dorada y crujiente.

Sacar del horno. Mezclar en un bol el salmón, la achicoria, el zumo de limón y el aceite de oliva, y añadir sal al gusto. Repartirlo todo sobre la pizza, espolvorear con el parmesano de pobre y servir.

Pizza de foie-gras

Para elaborar una pizza de 30 cm

2 yemas de huevo
15 g de queso parmigiano reggiano rallado
1 cucharada de perejil picado
sémola gruesa para espolvorear
1 porción de masa de hierbas (página 14)
una terrina de 100 g de *foie-gras*
30 g de carne de cerdo y ternera picada
75 g (½ taza) de mozzarella rallada
10 g de trufa blanca italiana fresca rallada muy fina

Meter en el horno una piedra para pizza o una bandeja de fondo grueso y precalentarlo a 250 °C.

Mezclar las yemas, el parmigiano reggiano y el perejil en un tazón.

Espolvorear ligeramente con sémola la zona de amasar, extender luego la masa formando una circunferencia de 30 cm, colocarla en una bandeja para pizza y pincharla con un tenedor. Repartir por la base el *foie-gras*. Hacer bolitas del tamaño de una canica con la carne de cerdo y de ternera, y repartirlas por toda la superficie junto con la mozzarella. Depositarla sobre la piedra o la fuente precalentada y hornear durante 5-6 minutos o hasta que esté cocida casi del todo.

Abrir la puerta del horno, verter sobre la pizza la mezcla de yemas, queso y perejil y dejar cocer otros 2-3 minutos o hasta que la base esté dorada y crujiente. Sacar del horno, repartir por encima la trufa blanca y servir.

Pizza de cabeza de jabalí y ensalada de apio nabo

Para elaborar una pizza de 30 cm

sémola gruesa para espolvorear
1 porción de masa para pizza (página 12)
125 ml (½ taza) de salsa de tomate (página 18)
3 cucharadas de queso mozzarella rallado
3 cucharadas de queso parmesano rallado
60 g de cabeza de jabalí en lonchas finas
unos trozos de limón para servir

Ensalada de apio nabo
1 apio nabo pequeño, pelado y cortado en juliana
¼ de medida de mayonesa (página 28)
1 cucharada de albahaca picada
el zumo de ½ limón

Meter en el horno una piedra para pizza o una bandeja de fondo grueso y precalentarlo a 250 °C.

Espolvorear ligeramente con sémola la zona de amasar, extender luego la masa formando una circunferencia de 30 cm, colocarla en una bandeja para pizza y pincharla con un tenedor. Extender por la superficie la salsa de tomate, repartir por encima los quesos mezclados, depositar la pizza sobre la piedra o la bandeja precalentada y cocer durante 5-8 minutos o hasta que la base esté dorada y crujiente.

Entretanto, para hacer la ensalada de apio nabo, mezclar en un bol todos los ingredientes y añadir sal al gusto. Esto hay que hacerlo solamente cuando ya se esté cociendo la pizza, no antes. Sacar la pizza del horno, cubrirla con las lonchas de cabeza de jabalí y luego con la ensalada de apio nabo, y servirla con trozos de limón para exprimir por encima.

Pizza de puré de garbanzos y cotechino

Para elaborar una pizza de 30 cm

Puré de garbanzos
2 cucharadas de aceite de oliva
1 cebolla pequeña picada fina
1 diente de ajo picado fino
60 g de garbanzos en remojo desde la noche anterior
400 ml de caldo de pollo
1 pequeña salchicha *cotechino* de Módena u otra salchicha fresca con carne de cerdo

sémola gruesa para espolvorear
1 porción de masa para pizza (página 12)
40 g de queso mozzarella ahumado, rallado
20 g de queso taleggio troceado

Para elaborar el puré de garbanzos, calentar el aceite en una cazuela de fondo grueso a fuego lento y cocer la cebolla y el ajo durante 5 minutos o hasta que estén tiernos. Añadir los garbanzos, el caldo y la salchicha *cotechino* y dejar a fuego muy lento durante 2 horas o hasta que los garbanzos estén bien tiernos y se deshagan. Apartar del fuego y reservar la salchicha *cotechino*; hacer puré los garbanzos en un robot de cocina o en una batidora hasta que la mezcla esté suave. Pasar el puré de garbanzos por un colador fino y añadir sal al gusto. El puré de garbanzos no debe ser muy líquido; si hace falta, meterlo en una cazuela pequeña y removerlo a fuego lento hasta que se espese. El puré de garbanzos se puede conservar en la nevera una semana. Se elaboran 500 ml (2 tazas).

Meter en el horno una piedra para pizza o una bandeja de fondo grueso y precalentarlo a 250 °C.

Espolvorear ligeramente con sémola la zona de amasar, extender luego la masa formando una circunferencia de 30 cm, colocarla en una bandeja para pizza y pincharla con un tenedor. Extender por la superficie 4 cucharadas del puré de garbanzos. Cortar la salchicha *cotechino* en ocho lonchas de 5 mm de grosor y repartirlos por encima junto con los quesos (lo que sobre de la salchicha se conserva en la nevera hasta una semana). Depositar la pizza sobre la piedra o la bandeja precalentada y cocer 5-6 minutos o hasta que la base esté dorada y crujiente.

Pizza de bresaola y albahaca

Para elaborar una pizza de 30 cm

sémola gruesa para espolvorear
1 porción de masa para pizza (página 12)
½ medida de salsa básica para pizza (página 18)
8 hojas de albahaca
75 g (½ taza) de queso mozzarella rallado
1 tomate pera cortado en rodajas finas
6 lonchas de *bresaola* (carne de ternera curada)
¼ de medida de paté de olivas negras (página 20)

Meter en el horno una piedra para pizza o una bandeja de fondo grueso y precalentarlo a 250 ºC.

Espolvorear ligeramente con sémola la zona de amasar, extender luego la masa formando una circunferencia de 30 cm, colocarla en una bandeja para pizza y pincharla con un tenedor. Extender por toda la superficie la salsa para pizza y luego repartir por encima la albahaca, la mozzarella y las rodajas de tomate. Depositarla sobre la piedra o la bandeja precalentada y cocer durante 5-8 minutos o hasta que la base esté dorada y crujiente. Sacar del horno, repartir por la pizza la *bresaola*, aderezar con unas cucharadas de paté de olivas y servir.

Pizza de corvineta blanca

Para elaborar una pizza de 30 cm

una lata de 75 g (²/₃ de taza) de corazones de alcachofa en aceite, escurridos
1 cucharada de cebolla confitada (página 22)
1 cucharada de ajo confitado (página 24)
sémola gruesa para espolvorear
1 porción de masa para pizza (página 12)
2 cucharadas de perejil picado
50 g (¹/₃ de taza) de queso mozzarella rallado
150 g de corvineta blanca en rodajas muy finas
1 medida de aliño de limón (página 28)
65 g (½ taza) de queso provolone picante rallado
una lima cortada por la mitad y braseada

Meter en el horno una piedra para pizza o una bandeja de fondo grueso y precalentarlo a 250 °C.

Meter en un robot de cocina los corazones de alcachofa escurridos y la cebolla y el ajo confitados, y triturarlo todo hasta que esté suave; añadir sal al gusto.

Espolvorear ligeramente con sémola la zona de amasar, extender luego la masa formando una circunferencia de 30 cm, colocarla en una bandeja para pizza y pincharla con un tenedor. Extender el puré de alcachofa por la superficie y luego repartir por encima el perejil y la mozzarella. Depositar sobre la piedra o la bandeja precalentada y cocer durante 5-8 minutos, o hasta que la base esté dorada y crujiente.

Sacar del horno, rematar con la corvineta en rodajas, verter por encima el aliño de limón, espolvorear con el provolone rallado y servir con las dos mitades de la lima braseada para aliñar.

Pizza alargada de cordero

Para elaborar una pizza ovalada de 30 cm

120 g de lomo de cordero sin tendones y picado muy fino
2 cucharadas de perejil picado
80 ml (1/3 de taza) de cebolla confitada escurrida (página 22)
1 cucharada de chile confitado (página 24), picado fino
sémola gruesa para espolvorear
1 porción de masa para pizza (página 12)
aceite de oliva para pintar
sal marina para aliñar
1 tomate pera picado
el zumo de 1 limón
1 cucharada de parmesano rallado

Mezclar en un bol la carne de cordero, el perejil, la cebolla y el ajo confitados, y dejar reposar 20 minutos.

Meter en el horno una piedra para pizza o una bandeja de fondo grueso y precalentarlo a 250 °C.

Espolvorear ligeramente con sémola la zona de amasar, extender luego la masa para darle una forma alargada de 30 cm, colocarla en una bandeja y pincharla con un tenedor. Extender la mezcla de cordero por toda la superficie y enrollar hacia dentro los extremos de la base para formar un borde de 2 cm de ancho y cubrir los extremos del relleno. Pintar el borde con aceite de oliva y sazonarlo con sal marina, depositarlo a continuación sobre la piedra o la bandeja para horno precalentada y cocer durante 6-8 minutos o hasta que la base esté dorada y crujiente.

Sacar del horno, añadir sal, al gusto, al tomate picado y repartir por encima, espolvorear el parmesano y, por último, aliñar con el zumo de limón y un poco de aceite de oliva y servir.

Pizza de tataki de atún con puré de chile verde

Para elaborar una pizza de 30 cm

3 cucharadas de sal marina
3 cucharadas de pimienta negra molida gruesa
un trozo de 150 g de atún (calidad de sashimi)
sémola gruesa para espolvorear
1 porción de masa para pizza (página 12)
80 ml (1/3 de taza) de puré de chile verde (página 24)
60 g de queso mozzarella de búfala troceado

Caramelo amargo
80 g (1/3 de taza) de azúcar blanco muy fino
el zumo de 1/2 limón

Meter en un plato la mezcla de sal y pimienta y después hacer rodar el trozo de atún por ella para que se pinte bien. Calentar una sartén antiadherente a fuego medio hasta que humee y soasar el atún por todos sus lados durante 30 segundos. Sumergirlo inmediatamente en un tazón de agua muy fría para detener la cocción. Sacarlo, escurrirlo bien y cortarlo fino.

Para elaborar el caramelo amargo, meter el azúcar en una cazuela pequeña de fondo grueso a fuego lento e ir moviendo de vez en cuando la cazuela hasta que el azúcar se disuelva y se forme un caramelo oscuro; añadir el zumo de limón, remover la sartén para que se mezclen, apartarla del fuego y dejar que se enfríe.

Meter en el horno una piedra para pizza o una bandeja de fondo grueso y precalentarlo a 250 °C.

Espolvorear ligeramente con sémola la zona de amasar, extender luego la masa formando una circunferencia de 30 cm, colocarla en una bandeja para pizza y pincharla con un tenedor. Extender por toda la superficie el puré de chile verde, repartir por encima la mozzarella y depositar luego sobre la piedra o la bandeja precalentada y cocer 5-8 minutos o hasta que la base esté dorada y crujiente. Sacar del horno, cubrir con el tataki de atún, verter por encima el caramelo amargo y servir.

Pizza de cerdo y achicoria roja

Para elaborar una pizza de 30 cm

1 chuleta grande de cerdo sin deshuesar
1 diente de ajo picado fino
3 cucharadas de hojas de orégano (reservar los tallos)
sémola gruesa para espolvorear
1 porción de masa para pizza (página 12)
½ medida de salsa básica para pizza (página 18)
2 cucharadas de cebollas balsámicas (página 22)
75 g (½ taza) de queso mozzarella rallado
4 hojas de achicoria roja
1½ cucharada de aceite de oliva virgen extra
2 cucharadas de vinagre balsámico
40 g de queso mozzarella de búfala troceado

Precalentar el horno a 140 °C.

Añadir sal a la chuleta de cerdo, meter en una fuente para el horno pequeña y repartir por encima el ajo picado y los tallos de orégano reservados; dejar 3 horas en el horno o hasta que la carne esté bien tierna. Sacar del horno, dejar enfriar y luego cortarla muy fina separándola del hueso.

Meter en el horno una piedra para pizza o una bandeja de fondo grueso para horno y aumentar la temperatura a 250 °C.

Espolvorear ligeramente con sémola la zona de amasar, extender la masa formando una circunferencia de 30 cm, colocarla en una bandeja para pizza y pincharla con un tenedor. Extender la salsa para pizza por toda la superficie, repartir por encima las hojas de orégano, las cebollas balsámicas, la mozzarella y la carne de cerdo, en este orden. Depositar sobre la piedra o la bandeja precalentada y dejar 5-8 minutos o hasta que la base esté dorada y crujiente.

Sacar del horno, mezclar la achicoria junto con el aceite de oliva y el vinagre balsámico, añadir sal y repartir por la pizza. Cubrir con la mozzarella de búfala y servir.

Rollo de pizza de almejas y erizos de mar

Para elaborar una pizza de 30 cm

300 g de almejas, sumergidas en agua
 media hora, cambiando periódicamente
 el agua
80 ml (⅓ de taza) de vino blanco seco
100 g (½ taza) de tomates verdes picados
sémola gruesa para espolvorear
1 porción de masa para pizza (página 12)
45 g (½ taza) de queso pecorino rallado

3 cucharadas de queso mozzarella rallado
500 ml (2 tazas) de aceite de oliva
1 puñado de hojas de perejil
4 dientes de ajo grandes cortados finos
la carne de 16 erizos de mar
125 g (1 taza) de harina de maíz
2 cucharaditas de aliño de limón (página 28)

Calentar una cazuela de fondo grueso a fuego alto justo hasta que humee, añadir las almejas y el vino, tapar y sacudir 3 minutos o hasta que se abran las valvas. Escurrir las almejas en un colador situado sobre un tazón, y devolver el líquido de cocción a la cazuela, dejándolo a fuego lento 5 minutos o hasta que se haya reducido a 3 cucharaditas. Añadir los tomates picados, un poco de sal y dejar a fuego lento durante otros 5 minutos o hasta que se haya formado una salsa gruesa. Apartar del fuego y añadir el perejil sin dejar de remover. Sacar la carne de las almejas y tirar las conchas. Tirar las almejas que no se hayan abierto.

Meter en el horno una piedra para pizza o una bandeja de fondo grueso y precalentarlo a 250 °C. Espolvorear ligeramente con sémola la zona de amasar y extender luego la masa formando un rectángulo de 3 mm de grosor y de 33 x 30 cm. Extender el glaseado de almejas sobre la superficie repartir por encima las almejas y los quesos y comenzando desde un lateral, ir enrollando la masa para formar un rollo compacto; doblar los extremos para cerrarlo. Poner el rollo en una bandeja para pizza y luego sobre una piedra o bandeja precalentada cocer 8-12 minutos o hasta que esté dorada y crujiente.

Entretanto, calentar el aceite en una cazuela de fondo grueso a fuego medio y freír el perejil durante 30 segundos o hasta que esté crujiente; entonces, sacarlo usando una cuchara con ranuras y secarlo en una hoja de papel de cocina. Añadir el ajo al aceite y dejarlo hasta que se dore (no hay que quemar el ajo para que no amargue). Sacarlo con la cuchara ranurada y secar en papel de cocina. Recalentar el aceite hasta que esté bien caliente; a continuación, espolvorear los erizos de mar con harina de maíz y freír 10 segundos o hasta que se doren. Sacarlos con una cuchara ranurada, secarlos en una toalla de papel y añadir sal al gusto.

Sacar la pizza del horno, cortarla en rebanadas de 1, 5 cm de grosor y disponerlas en una fuente. Repartir por encima el perejil crujiente, el ajo y los erizos de mar, verter el aliño de limón y servir.

Pizza de espinacas, queso feta y olivas

Para elaborar una pizza de 30 cm

sémola gruesa para espolvorear
1 porción de masa para pizza (página 12)
½ medida de salsa básica para pizza (página 18)
150 g (3 tazas) de hojas de espinaca escaldadas y escurridas del todo
3 cucharadas de olivas manzanilla sin hueso cortadas por la mitad
50 g (⅓ de taza) de queso feta danés desmigajado
50 g (⅓ de taza) de queso mozzarella rallado
copos de chile al gusto
3 cucharadas de tomates semideshidratados
el zumo de ½ limón

Meter en el horno una piedra para pizza o una bandeja de fondo grueso y precalentarlo a 250 °C.

Espolvorear ligeramente con sémola la zona de amasar, extender luego la masa formando una circunferencia de 30 cm, colocarla en una bandeja para pizza y pincharla con un tenedor. Extender por toda la superficie la salsa para pizza y repartir las espinacas, en montoncitos, por toda la salsa; repartir por encima las olivas, los quesos y los copos de chile. Depositar sobre la piedra o la bandeja precalentada y cocer 5-6 minutos o hasta que la base esté dorada y crujiente. Sacar del horno, repartir por encima los tomates semideshidratados, aliñar con el zumo de limón y servir.

Pizza de atún

Para elaborar una pizza de 30 cm

sémola gruesa para espolvorear
1 porción de masa para pizza (página 12)
½ medida de salsa básica para pizza (página 18)
2 cucharadas de perejil picado
100 g de atún en aceite de oliva escurrido
copos de chile al gusto
75 g (½ taza) de queso mozzarella rallado
2 cucharadas de olivas verdes picadas finas
1 cucharada de cebolla roja picada fina
1 cucharada de chile confitado (página 24)
2 cucharadas de zumo de limón
125 ml (½ taza) de aceite de oliva virgen extra

Meter en el horno una piedra para pizza o una bandeja de fondo grueso y aumentar
la temperatura a 250 °C.

Espolvorear ligeramente con sémola la zona de amasar, extender luego la masa formando
una circunferencia de 30 cm, colocarla en una bandeja para pizza y pincharla con un tenedor.
Extender la salsa para pizza por toda la superficie, repartir por encima la mitad del perejil y
desmigajar el atún por encima. Espolvorear con los copos de chile y luego con la mozzarella.
Depositar sobre la piedra o en la bandeja precalentada y cocer 5-8 minutos o hasta que la base
esté dorada y crujiente.

Mientras la pizza se cuece, mezclar en un tazón las olivas picadas, la cebolla, el chile confitado y
el resto del perejil. Añadir el zumo de limón y el aceite de oliva virgen extra, y añadir sal al gusto.
Sacar la pizza del horno, repartir con una cuchara el aliño de olivas por la pizza y servir.

Pizza de carne de cabrito a la brasa con huevo y trufas de verano

Para elaborar una pizza ovalada de 30 cm

Cabrito a la brasa
2 cucharadas de aceite de oliva
120 g de pierna de cabrito descargada y cortada en trozos de 1 cm
1 cucharada de ajo confitado (página 24)
1 cucharada de cebolla confitada (página 22)
1 cucharada de chile confitado (página 24)
3 cucharadas de nata líquida

sémola gruesa para espolvorear
1 porción de masa para pizza (página 12)
100 g (½ taza) de requesón de cabra escurrido
125 g de tomates cherry cortados
1 huevo
3 cucharadas de perejil picado
3 cucharadas de queso parmesano rallado
2 cucharadas de trufas de verano conservadas en aceite, escurridas y ligeramente cepilladas para hacer virutas

Para elaborar el cabrito a la brasa, calentar el aceite de oliva en una sartén de fondo grueso a fuego medio, añadir la carne y cocinarla hasta que esté dorada. Añadir el ajo, la cebolla y el chile confitados, mezclar, y añadir a continuación la nada líquida; tapar y, a fuego muy bajo, cocinar una hora o hasta que la carne esté muy tierna. Si es necesario, añadir un poco de agua durante la cocción en caso de que la mezcla parezca seca. Apartar del fuego y dejar que se enfríe.

Meter en el horno una piedra para pizza o una bandeja de fondo grueso y precalentarlo a 250 °C.

Espolvorear ligeramente con sémola la zona de amasar, extender luego la masa para formar una pizza alargada de 30 cm, colocarla en una bandeja para pizza y pincharla con un tenedor. Extender el requesón de cabra por toda la base, repartir por encima las rodajas de tomate y batir ligeramente el huevo junto con el perejil y el parmesano, añadir sal al gusto y verter por encima de la pizza. Doblar los extremos de la base para formar un borde de 2 cm, cubriendo los bordes del relleno. Depositar sobre la piedra o la bandeja precalentada y cocer durante 6-8 minutos o hasta que la base esté dorada y crujiente. Sacar del horno, espolvorear por encima con las virutas de trufa y servir.

Pizza de langosta y caviar

Para elaborar una pizza de 30 cm

sémola gruesa para espolvorear
1 porción de masa para pizza (página 12)
45 ml de glaseado de marisco (página 20)
40 g de queso mascarpone
1 cola de langosta pequeña y cruda, pelada y cortada fina
1 cucharada de alcaparras pequeñas
2 cucharadas de olivas verdes sin hueso
3 cucharadas de anguila ahumada cortada fina
25 g de queso mozzarella rallado
aceite de pepitas de uva para freír
60 g de calamares pequeños limpios, cortados en aros de 5 mm de grosor,
    reservar los tentáculos
40 g (1/3 de taza) de harina de maíz
1 puñado abundante de tallos de berro cortados en trocitos
2 cucharadas de aliño de limón (página 28)
2 cucharadas de caviar ruso

Meter en el horno una piedra para pizza o una bandeja de fondo grueso y precalentarlo a 250 °C.

Espolvorear ligeramente con sémola la zona de amasar, extender luego la masa formando
una circunferencia de 30 cm, colocarla en una bandeja para pizza y pincharla con un tenedor.
Extender el glaseado de marisco por toda la superficie, y rematarla con pellas de mascarpone, la
langosta, las olivas, la anguila ahumada y el queso mozzarella rallado, en este orden. Depositar
sobre la piedra o la bandeja precalentada y cocer durante 5-8 minutos o hasta que la base esté
dorada y crujiente.

Entretanto, calentar el aceite en una freidora o en una sartén grande y honda, hasta los 180 °C
o hasta que, al echar en ella un dado de pan, se fría en 15 segundos. Rebozar los calamares en
la harina de maíz, sacudirlos para deshacerse del exceso de harina y freír durante 30 segundos
o hasta que estén dorados y crujientes. Secarlos en un papel de cocina y añadir sal al gusto.

Sacar la pizza del horno. Echar por encima los tallos de berro y verter el aliño de limón, cubrirlo
todo con los calamares fritos, aderezar con el caviar y servir.

Pizza de carpaccio de salmón

Para elaborar una pizza de 30 cm

1 cebolla roja pequeña cortada en aros
   de 5 mm
250 ml (1 taza) de aceite de pepitas de uva
2 cucharadas de alcaparras en salmuera,
   lavadas
sémola gruesa para espolvorear
1 porción de masa para pizza (página 12)
½ medida de salsa básica para pizza
   (página 18)

2 cucharadas de perejil picado
75 g (½ taza) de queso mozzarella rallado
120 g de filete de salmón sin piel cortado
   en rodajas (véase nota al pie)
2 cucharadas de queso mascarpone
1 puñado abundante de tallos de berro
   cortado en trocitos
1 medida de aliño de limón (página 28)
1 cucharada de caviar avruga

Meter en el horno una piedra para pizza o una bandeja de fondo grueso y precalentarlo a 250 °C.

Pintar ligeramente los aros de cebolla con aceite y depositarlos en una plancha de barbacoa para brasear o en una sartén para brasear y dejarlos a fuego medio durante 5-6 minutos o hasta que estén dorados y tiernos.

Calentar el aceite en una sartén de fondo grueso a fuego medio, añadir las alcaparras y cocinarlas 1-2 minutos o hasta que estén crujientes. Sacarlas con una espumadera y secarlas en un papel de cocina.

Espolvorear ligeramente con sémola la zona de amasar, extender luego la masa formando una circunferencia de 30 cm, colocarla en una bandeja para pizza y pincharla con un tenedor. Extender la salsa para pizza por toda la superficie, repartir por encima el perejil picado, la cebolla al grill y la mozzarella, en este orden. Depositar sobre la piedra o la bandeja precalentada y cocer durante 5-8 minutos o hasta que la base esté dorada y crujiente.

Sacar la pizza del horno, añadirle el salmón cortado y luego las alcaparras fritas y unas pellas de mascarpone. Mezclar los berros con el aliño de limón, repartir por encima de la pizza, añadir el caviar y servir.

Nota: Si tienes problemas para cortar el salmón muy fino, mete las rodajas entre dos hojas de papel para horno y aplástalas con cuidado usando un rodillo.

Pizza de champiñones

Para elaborar una pizza de 30 cm

Puré de champiñones
15 champiñones pequeños cortados
1 cebolla pequeña picada fina
3 cucharadas de perejil picado
3 dientes de ajo picados finos

2 cucharadas de aceite de oliva
200 g de champiñones silvestres cortados finos
sémola gruesa para espolvorear
1 porción de masa para pizza (página 12)
6 hojas de albahaca
40 g de queso taleggio
40 g de queso mozzarella de búfala
75 g (½ taza) de queso mozzarella rallado

Para elaborar el puré de champiñones, calentar 1 cucharada del aceite de oliva en una sartén de fondo grueso a fuego medio, añadir los champiñones, la cebolla, el perejil y 2 de los dientes de ajo picados, y cocinar durante 10 minutos o hasta que esté todo tierno. Meter la mezcla de champiñones en un robot de cocina y triturar hasta que esté suave, luego dejar enfriar y añadir sal al gusto.

Calentar el resto del aceite en una sartén de fondo grueso y cocinar los champiñones silvestres cortados y el resto del ajo, removiéndolos a fuego alto hasta que estén dorados y se hayan evaporado sus jugos. Apartarlos del fuego y añadir sal al gusto.

Meter en el horno una piedra para pizza o una bandeja de fondo grueso y precalentarlo a 250 °C.

Espolvorear ligeramente con sémola la zona de amasar, extender luego la masa formando una circunferencia de 30 cm, colocarla en una bandeja para pizza y pincharla con un tenedor. Extender por toda la superficie el puré de champiñones y repartir por ella la albahaca, los champiñones fritos y los quesos, en este orden. Depositar sobre la piedra o la bandeja precalentada y cocer durante 5-8 minutos o hasta que la base esté dorada y crujiente.

Rollo de pizza de sepia confitada y pesto

Para elaborar una pizza de 30 cm

120 g de sepia limpia
250 ml (1 taza) de aceite de oliva
3 tallos de perejil
1 diente de ajo cortado por la mitad
sémola gruesa para espolvorear
1 porción de masa para pizza (página 12)
¼ de salsa al pesto (página 26)
75 g (½ taza) de queso mozzarella rallado

Usando un cuchillo afilado, cortar la sepia en rodajas finas y en diagonal; meterlas luego en una cazuela de fondo grueso con el aceite de oliva, el perejil y el ajo. Meter un termómetro en el aceite y calentar a fuego muy lento, procurando que la temperatura no sobrepase los 40 ºC, durante 2 horas, o hasta que la sepia esté bien tierna. Dejar que la sepia se enfríe en el aceite, escurrir y reservar el aceite para elaborar otro confite o para freír pescado.

Meter en el horno una piedra para pizza o una bandeja de fondo grueso y precalentarlo a 250 ºC.

Espolvorear ligeramente con sémola la zona de amasar y extender luego la masa formando un rectángulo de 3 mm de grosor y de 33 x 30 cm. Extender el pesto sobre la superficie, y repartir por encima la mozzarella y la sepia escurrida. Trabajando desde uno de los extremos largos, enrollar la pizza fuertemente, doblando los extremos para cerrarla. Poner el rollo en una bandeja para pizza, y luego sobre la piedra o la bandeja precalentada; cocer 8-12 minutos o hasta que esté dorado y crujiente. Sacarlo del horno, cortar en rodajas de 1, 5 cm y servir.

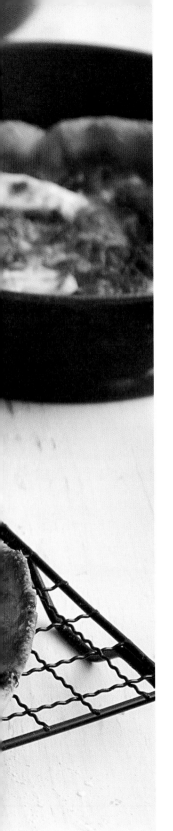

Pizzas de masa gruesa

Hoy día en los pueblos de Sicilia se puede comer pizzas tradicionales de masa gruesa. Esas recetas suelen usar una corteza gruesa como base y a menudo se rematan con una tapa también gruesa de masa, que convierte la pizza en una tartaleta y permite comérsela sin dejar de hacer otras cosas. He adaptado esas recetas tradicionales usando una base mucho más fina y eliminando la tapa, porque creo que la presentación y el sabor son mejores así. Todas las pizzas de masa gruesa de este capítulo se cocinan en una cazuela redonda de 12 cm de diámetro y 2, 5 de hondo, y usan la misma cantidad de masa que las otras pizzas estándares de este libro.

Pizzas de bacalao, olivas verdes y alcaparras

Para elaborar 4 pizzas de masa gruesa de 12 cm

300 g de bacalao remojado durante 2 días en agua fría, cambiando el agua 2 veces al día
1 litro (4 tazas) de agua mineral con gas
sémola gruesa para espolvorear
4 porciones de masa para pizza (página 12)
2 medidas de salsa básica para pizza (página 18)
85 g (²/₃ de taza) de olivas verdes sin hueso
70 g (¹/₃ de taza) de alcaparras en sal, lavadas
4 cucharadas de cebollas confitadas (página 22)
¹/₃ de medida de ajo confitado (página 24)
2 cucharadas de chile confitado (página 24)
150 g (1 taza) de queso mozzarella rallado
¾ de medida de parmesano de pobre (página 26)

Meter el bacalao y el agua mineral en una cazuela pequeña a fuego lento y dejarla 20 minutos o hasta que el pescado empiece a desprenderse de la raspa. Escurrir, tirar la raspa y la piel, y hacer copos gruesos con la carne.

Meter 2 piedras para pizza o 2 fuentes de fondo grueso en el horno y precalentarlo a 250 °C.

Espolvorear ligeramente con sémola la zona de amasar, extender cada porción de masa formando una circunferencia de 14 cm de diámetro y forrar la base y hasta la mitad de los laterales de cuatro cazuelas para pizza de masa gruesa de 12 cm de diámetro y 2, 5 cm de profundidad. Dividir el bacalao salado entre las cuatro pizza, y, con ayuda de una cuchara, verter por encima la salsa para pizza. Repartir por encima las olivas, las alcaparras, la cebolla confitada, el ajo, el chile y la mozzarella, en este orden; depositarlas sobre la piedra o la bandeja precalentada y cocer durante 8-10 minutos o hasta que estén doradas y crujientes.
Sacarlas del horno, espolvorear con el parmesano de pobre y servir.

Pizzas de carne de cerdo y champiñones

Para elaborar 4 pizzas de masa gruesa de 12 cm

80 ml (⅓ de taza) de aceite de oliva
650 g de falda de cerdo deshuesada, sin piel y cortada en 8 trozos
2 cucharadas de ajo confitado (página 24)
2 cucharadas de cebolla confitada (página 22)
6 tomates pera picados
1 puñado abundante de hojas de albahaca
500 ml (2 tazas) de agua mineral con gas
270 g (3 tazas) de champiñones variados
2 dientes de ajo cortados finos
sémola gruesa para espolvorear
4 porciones de masa para pizza (página 12)
80 g de queso taleggio
20 g de queso parmesano
40 g de queso mozzarella rallado

Calentar 2 cucharadas del aceite en una cazuela de fondo grueso a fuego medio y cocinar la carne de cerdo hasta que se dore. Añadir el ajo y la cebolla confitados, los tomates, la albahaca y el agua mineral, esperar a que rompa el hervor y dejar 2 horas a fuego lento o hasta que la carne esté muy tierna y se desmigaje, y la salsa haya reducido y esté gruesa.

Calentar el resto del aceite en una cazuela de fondo grueso y cocinar los champiñones a fuego alto durante 3-4 minutos o hasta que estén tiernos. Añadir el ajo cortado y dejarlo otro minuto; luego añadir la mezcla de champiñones a la de cerdo y sazonar al gusto.

Meter 2 piedras para pizza o 2 fuentes de fondo grueso en el horno y precalentarlo a 250 °C.

Espolvorear ligeramente con sémola la zona de amasar, extender cada porción de masa formando una circunferencia de 14 cm de diámetro, y forrar la base y hasta la mitad de los laterales de cuatro cazuelas para pizza de masa gruesa de 12 cm de diámetro y 2, 5 cm de profundidad. Dividir la mezcla de carne entre las cazuelas (asegurándose de no añadir demasiada para que no se empapen) y repartir por encima los quesos. Depositar las cazuelas sobre las piedras o las bandejas precalentadas y cocer durante 8-10 minutos o hasta que las bases estén doradas y crujientes.

Pizzas de gambas picantes al ajillo

Para elaborar 4 pizzas de masa gruesa de 12 cm

1 cebolla roja grande pelada y cortada en rodajas de 5 mm de grosor
aceite de oliva para pintar
400 g de gambas crudas peladas, desvenadas y cortadas en trozos grandes
$1/3$ de medida de chile confitado (página 24)
$1/3$ de medida de ajo confitado (página 22)
4 cucharadas de cebolla confitada (página 22)
sémola gruesa para espolvorear
4 porciones de masa para pizza (página 12)
1 medida de salsa básica para pizza (página 18)
150 g (1 taza) de queso mozzarella rallado
$3/4$ de medida de parmesano de pobre (pagina 26)
4 cucharadas de perejil picado
trozos de limón para servir

Pintar ligeramente las rodajas de cebolla con el aceite, y cocerlas en una barbacoa o en una sartén con parrilla, dejándolas a fuego medio durante 5-6 minutos o hasta que estén doradas y tiernas.

Mezclar en un bol las gambas picadas y el chile, el ajo y la cebolla confitados y dejarlos reposar 10 minutos.

Meter dos piedras para pizza o dos fuentes de fondo grueso en el horno y precalentarlo a 250 °C.

Espolvorear ligeramente con sémola la zona de amasar, extender cada porción de masa formando una circunferencia de 14 cm de diámetro y forrar la base y hasta la mitad de los laterales de cuatro cazuelas para pizza de masa gruesa de 12 cm de diámetro y 2, 5 cm de profundidad. Extender por las superficies la salsa para pizza y repartir por ellas las gambas marinadas, la mozzarella, las cebollas a la parrilla, el perejil y el parmesano de pobre, en este orden. Depositar las sartenes sobre las piedras o las bandejas precalentadas y cocer durante 8-10 minutos o hasta que estén doradas y crujientes. Servir con trozos de limón para exprimir por encima.

Pizzas de paletilla de cordero braseada y guisantes frescos

Para elaborar 4 pizzas de masa gruesa de 12 cm

Paletilla de cordero braseada
2 cucharadas de aceite de oliva
4 paletillas de cordero
1 cebolla pequeña picada fina
1 apio picado fino
250 ml (1 taza) de vino blanco seco
1 cucharada de perejil picado

310 g (2 tazas) de guisantes frescos
125 ml (½ taza) de caldo de ternera
sémola gruesa para espolvorear
4 porciones de masa para pizza (página 12)
120 g de queso mozzarella de búfala
  troceado
30 g (⅓ de taza) de queso pecorino rallado

Precalentar el horno a 140 °C.

Para preparar la paletilla de cordero, calentar el aceite en una cazuela ignífuga a fuego alto, y dejarla hasta que se dore. Sacar de la cazuela y, a fuego bajo, añadir la cebolla y el apio y cocer durante 5-6 minutos o hasta que la cebolla esté translúcida. Devolver la carne a la cazuela, añadir el vino y reducir a fuego lento. Tapar la cazuela herméticamente con papel de aluminio y meter en el horno durante una hora, añadir luego los guisantes y dejar otra hora en el horno o hasta que la carne se desprenda del hueso. Sacar la pierna de la salsa, tirar los huesos y desmenuzar la carne, devolverla luego a la cazuela y ponerla a fuego lento hasta que la salsa esté lo bastante espesa como para pintar la parte trasera de una cuchara.

Meter dos piedras para pizza o dos fuentes de fondo grueso en el horno y precalentarlo a 250 °C.

Espolvorear ligeramente con sémola la zona de amasar, extender luego cada porción de masa formando una circunferencia de 14 cm de diámetro y forrar la base y hasta la mitad de los laterales de cuatro cazuelas para pizza de masa gruesa de 12 cm de diámetro y 2, 5 cm de profundidad. Extender por las pizzas 4 cucharadas de la mezcla de carne de cordero, repartir por encima la mozzarella, depositar las pizzas sobre las piedras o las bandejas precalentadas y cocer durante 8-10 minutos o hasta que estén doradas y crujientes. Sacar del horno, espolvorear por encima el queso pecorino rallado y servir.

Pizzas de salsa de tomate con médula y trufas de verano

Para elaborar 4 pizzas de 12 cm

sémola gruesa para espolvorear
4 porciones de masa para pizza (página 12)
½ medida de salsa de tomate (página 18)
1 puñado de perejil picado
75 g (½ taza) de queso mozzarella rallado
80 g de queso fontina cortado en rodajas
300 g de huesos remojados en agua fría durante 3 horas, extraer la médula y cortarla
    en rebanadas de 5 mm de grosor
30 g de trufas de verano conservadas en aceite de oliva, escurridas

Meter 2 piedras para pizza o 2 fuentes de fondo grueso en el horno y precalentarlo a 250 °C.

Espolvorear ligeramente con sémola la zona de amasar, extender a continuación cada porción de masa formando una circunferencia de 14 cm de diámetro y forrar la base y hasta la mitad de los laterales de cuatro cazuelas para pizza de masa gruesa de 12 cm de diámetro y 2,5 cm de profundidad. Extender por todas las superficies la salsa de tomate, repartir por encima el perejil y los quesos y luego rematar con la médula. Depositar las cazuelas sobre las piedras o las bandejas precalentadas y cocer durante 8-10 minutos o hasta que las bases estén doradas y crujientes. Sacar del horno, rallar un poco de trufa por encima y servir.

Pizzas de conejo y cebolla balsámica

Para elaborar 4 pizzas de masa gruesa de 12 cm

Conejo a la cazuela
1 cucharada de aceite de oliva
1 conejo de granja troceado
1 cebolla pequeña picada fina
1 zanahoria pequeña picada fina
1 apio picado fino
70 g (½ taza) de panceta picada fina
2 puñados de perejil picado
125 ml (½ taza) de vino tinto seco
250 ml (1 taza) de caldo de ternera
2 tomates pera picados

sémola gruesa para espolvorear
4 porciones de masa para pizza (página 12)
1 medida de cebollas balsámicas
  (página 22)
75 g (½ taza) de queso mozzarella rallado
30 g (⅓ de taza) de queso pecorino rallado
  y un poco más para servir

Precalentar el horno a 170 °C. Para elaborar el conejo a la cazuela, calentar el aceite de oliva en una cazuela ignífuga a fuego medio y cocer los trozos de conejo hasta que estén dorados del todo. Sacarlos de la cazuela, añadir la cebolla, la zanahoria y el apio y cocer durante 5 minutos o hasta que estén tiernos. Añadir la panceta y el perejil y cocer otros 2 minutos; a continuación, devolver los trozos de conejo a la cazuela, verter el vino y dejar hasta que hierva. Añadir el caldo, cubrir la cazuela con un trozo de papel de horno y con una tapa y dejar 2 horas o hasta que la carne esté bien tierna. Sacar del horno y, cuando la carne de conejo esté lo bastante fría como para poder manipularla, retirarla de la salsa, tirar los huesos y desmenuzarla. Devolver la carne a la cazuela, añadir los tomates, dejar a fuego lento y luego apartar del fuego, añadir sal al gusto y dejar enfriar.

Meter dos piedras para pizza o dos fuentes de fondo grueso en el horno y precalentarlo a 250 °C. Espolvorear ligeramente con sémola la zona de amasar, extender a continuación cada porción de masa formando una circunferencia de 14 cm de diámetro y forrar la base y hasta la mitad de los laterales de cuatro cazuelas para pizza de masa gruesa de 12 cm de diámetro y 2, 5 cm de profundidad. Extender 250 ml (una taza) del conejo a la cazuela por cada superficie y luego repartir por ellas las cebollas balsámicas y los quesos. Depositar las cazuelas sobre las piedras o en las fuentes precalentadas y cocer durante 8-10 minutos o hasta que estén doradas y crujientes. Espolvorear cada pizza con un poco de pecorino rallado y servir.

Mis pizzas de queso

Para elaborar 4 pizzas de masa gruesa de 12 cm

Bechamel
20 g de mantequilla
20 g de harina
200 ml de leche

sémola gruesa para espolvorear
4 porciones de masa para pizza (página 12)
65 g (1 ½ taza) de queso provolone picante rallado
120 g de queso gorgonzola suave
50 g (½ taza) de queso parmesano rallado
140 g de queso taleggio troceado
2 cucharadas de perejil picado
120 g de queso mozzarella de búfala troceado
¾ de medida de parmesano de pobre (página 26)

Para elaborar la bechamel, derretir la mantequilla en una cazuela pequeña de fondo grueso a fuego medio, añadir la harina y remover 1 o 2 minutos o hasta que la mezcla adquiera un tono arenoso. Sin dejar de remover, ir vertiendo poco a poco la leche y batir hasta que la mezcla se espese y esté homogénea; a continuación, reducir el fuego a muy bajo y dejar así, removiendo frecuentemente, durante 15 minutos. Apartar del fuego y añadir sal al gusto.

Meter dos piedras para pizza o dos fuentes de fondo grueso en el horno y precalentarlo a 250 °C.

Espolvorear ligeramente con sémola la zona de amasar, extender luego cada porción de masa formando una circunferencia de 14 cm de diámetro y forrar la base y hasta la mitad de los laterales de cuatro cazuelas para pizza de masa gruesa de 12 cm de diámetro y 2, 5 cm de profundidad. Extender por cada superficie un cuarto de la bechamel. Meter en un bol el provolone, el gorgonzola, el parmesano y el taleggio, añadir el perejil y remover hasta que estén bien mezclados. Extender la mezcla de quesos por encima de la bechamel, depositar las cazuelas sobre las piedras o las bandejas precalentadas y cocer durante 8-10 minutos o hasta que las bases estén doradas y crujientes. Sacar del horno, repartir por encima la mozzarella de búfala y el parmesano de pobre y servir.

Pizza de langosta al ajillo con glaseado de marisco

Para elaborar 4 pizzas de masa gruesa de 12 cm

12 langostas pequeñas o cangrejos de río
750 ml (3 tazas) de aceite de oliva
2/3 de medida de ajo confitado (página 24)
1/3 de medida de chile confitado (página 24)
4 cucharadas de cebolla confitada (página 22)
2 buenos puñados de perejil picado
200 g (1 taza) de tomates pera picados
sémola gruesa para espolvorear
4 porciones de masa para pizza (página 12)
1/2 medida de glaseado de marisco (página 20)
150 g (1 taza) de queso mozzarella rallado
1/3 de medida de parmesano de pobre (página 26)

Meter las langostas en el congelador durante media hora y luego dejarlas caer en una cazuela grande con agua salada hirviendo y cocerlas 20 segundos. Escurrirlas y refrescarlas en agua helada, volver a escurrirlas y pelarlas, reservando si se desea cuatro cabezas con las pinzas para rematar las pizzas. Cortar las colas en trozos de 1 cm; la carne tiene que estar medio cocida.

Calentar el aceite de oliva en una cazuela de fondo grueso a fuego bajo, añadir el ajo, el chile y la cebolla confitados y cocer durante 30 segundos; a continuación, añadir las langostas troceadas y el perejil y dejar otros 2 minutos. Añadir el tomate picado y cocer otro minuto, apartar luego del fuego y verter en un colador situado sobre un tazón.

Meter dos piedras para pizza o dos fuentes de fondo grueso en el horno y precalentarlo a 250 ºC.

Espolvorear ligeramente con sémola la zona de amasar, extender luego cada porción de masa formando una circunferencia de 14 cm de diámetro y forrar la base y hasta la mitad de los laterales de cuatro cazuelas para pizza de masa gruesa de 12 cm de diámetro y 2, 5 cm de profundidad. Dividir entre las bases la salsa de langostas al ajillo, verter sobre ellas el glaseado de marisco y espolvorear con la mozzarella. Si se usan las cabezas, colocarlas encima. Depositar las cazuelas sobre las piedras o las bandejas recalentadas y cocer durante 8-10 minutos o hasta que estén doradas y crujientes. Sacar del horno las pizzas, espolvorear con el parmesano y servir.

Nota: Se puede utilizar el aceite de cocción de las langostas, una vez frío, para elaborar una deliciosa mayonesa especiada.

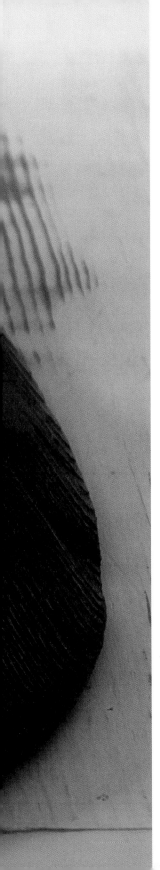

Calzone

Como muchas de las otras pizzas que figuran en este libro, las calzone llevan mucho tiempo en la escena culinaria. Tradicionalmente, este estilo de pizza hacía las delicias de los campesinos italianos, que se llevaban a su trabajo pizzas calzone a medio cocer, con rellenos que aprovechaban las sobras de la cena de la noche anterior; como estaban envueltas en la masa, las sobras se conservaban más frescas. A la hora de comer, cocían las calzone en una fogata y las disfrutaban acompañándolas siempre de vino. Hoy día, para elaborar el relleno, tendemos a usar solamente los mejores ingredientes, no sobras; si disfrutas de tu calzone con una copa de vino, estarás manteniendo vivo el legado.

Calzone de coliflor salteada

Para elaborar una pizza calzone de 30 cm

1 cucharada de aceite de oliva
150 g de cogollos de coliflor cortados en trozos de 1 cm
70 g (½ taza) de puerros picados finos, usando solo la parte blanca
1 tomate pera picado
1 cucharada de cebollinos picados
1 cucharada de piñones tostados
35 g (⅓ de taza) de queso parmesano rallado
1 huevo batido ligeramente
sémola gruesa para espolvorear
1 porción de masa para pizza (página 12)

Calentar el aceite en una cazuela de fondo grueso a fuego medio, añadir la coliflor y el puerro y cocer durante 6-8 minutos o hasta que estén tiernos. Añadir el tomate y cocer otros 5 minutos; a continuación, añadir los cebollinos, los piñones y el parmesano, mezclar bien y sazonar al gusto. Apartar del fuego, dejar enfriar hasta que esté tibio y añadir el huevo, removiendo.

Meter en el horno una piedra para pizza o una bandeja para horno de fondo grueso y precalentarlo a 190 ºC.

Espolvorear ligeramente con sémola la zona de amasar, extender luego la masa formando una circunferencia de 30 cm, colocarla en una bandeja para pizza y pincharla con un tenedor. Extender la mezcla de coliflor por un lado de la base, dejando un borde de 2 cm; doblar el otro extremo sobre el relleno y pellizcar el borde a intervalos de 1 cm para cerrarlo e impedir que se escape el jugo. Depositar sobre la piedra o la bandeja precalentada y cocer durante 8-10 minutos o hasta que la pizza esté dorada y crujiente.

Calzone de cerdo a la cazuela

Para elaborar una pizza calzone de 30 cm

Carne de cerdo con piel a la cazuela
2 cucharadas de aceite de oliva
1 cebolla picada fina
1 diente de ajo picado fino
40 g de piel blanca de cerdo fresca y lavada (pedir al carnicero), cortada en trozos de 1 cm
1 pierna de cerdo pequeña
½ tallo de apio cortado fino
una lata de 250 ml (1 taza) de tomates picados
250 ml (1 taza) de caldo de pollo
6 hojas de albahaca
1 chile rojo cortado

sémola gruesa para espolvorear
1 porción de masa para pizza (página 12)
50 g (⅓ de taza) de queso mozzarella de búfala picado
3 cucharadas de queso pecorino rallado fino

Para elaborar la carne de cerdo a la cazuela, calentar el aceite en una cazuela de fondo grueso a fuego lento y cocer la cebolla y el ajo durante 6-8 minutos o hasta que estén tiernos. Añadir el resto de los ingredientes, dejar hasta que rompa el hervor; a continuación, reducir el fuego a muy lento, tapar y dejar 2 horas o hasta que la carne casi se desprenda del hueso. Apartar del fuego y dejar hasta que se enfríe del todo. Después, desprender la carne de la pierna, tirar los huesos y devolverla a la salsa. Añadir sal al gusto, dejar enfriar, quitar el chile y meter en la nevera hasta que esté bien fría. La carne de cerdo se conservará en el congelador hasta 3 meses.
Se elaboran 375 ml (1 ½ taza).

Meter en el horno una piedra para pizza o una bandeja para horno de fondo grueso y precalentarlo a 190 °C.

Espolvorear ligeramente con sémola la zona de amasar, extender luego la masa formando una circunferencia de 30 cm y colocarla en una bandeja para pizza. Extender cuatro cucharadas de la carne de cerdo braseada por la mitad de la base, repartir por encima los quesos y doblar la otra mitad sobre el relleno, pellizcando el borde a intervalos de 1 cm para evitar que se escapen los jugos. Depositar sobre la piedra o la bandeja precalentada y cocer durante 8-10 minutos o hasta que la pizza esté dorada y crujiente.

Calzone de callos con parmesano

Para elaborar una pizza calzone de 30 cm

2 cucharadas de aceite de oliva
150 g de callos en panal cortados en trozos de 1 x 3 cm
1 chile rojo largo, sin semillas y picado fino
½ chayote pelado y cortado en trozos de 1 cm
2 cucharadas de albahaca picada
1 patata pelada y cortada en trozos de 2 cm
una lata de 250 ml (1 taza) de tomates troceados
2 cucharadas de queso pecorino picante rallado
60 g de queso mozzarella de búfala picado
35 g (⅓ de taza) de queso parmesano rallado
20 g de mantequilla
sémola gruesa para espolvorear
1 porción de masa para pizza (página 12)

Calentar el aceite de oliva en una cazuela de fondo grueso a fuego alto; añadir los callos, el chile, el chayote, la albahaca y la patata, y cocer durante 6-8 minutos o hasta que la patata esté ligeramente dorada. Añadir los tomates, reducir el calor tapar la cazuela y dejarla a fuego lento durante 2 horas o hasta que los callos estén bien tiernos. Apartar del fuego, añadir removiendo los quesos y la mantequilla, añadir sal al gusto y dejar enfriar.

Meter en el horno una piedra para pizza o una bandeja para horno de fondo grueso y precalentarlo a 190 ºC.

Espolvorear ligeramente con sémola la zona de amasar, extender luego la masa formando una circunferencia de 30 cm y colocarla en una bandeja para pizza. Extender la mezcla de callos sobre la mitad de la base, dejando un borde de 2 cm; a continuación, doblar la otra mitad sobre el relleno y pellizcar el borde a intervalos de 1 cm para evitar que se escapen los jugos. Depositar sobre la piedra o la bandeja para horno y cocer 8-10 minutos o hasta que esté dorada y crujiente.

Calzone de ragú de pato

Para elaborar una pizza calzone de 30 cm

Ragú de pato
2 cucharadas de aceite de oliva
1 cebolla picada fina
1 cucharada de zanahoria picada fina
1 cucharada de apio picado fino
1 cucharada de ajo picado fino
3 cuartos de pata de pato sin piel
2 cucharadas de perejil picado
250 ml (1 taza) de vino tinto seco
400 g de tomate triturado

sémola gruesa para espolvorear
1 porción de masa para pizza (página 12)
30 g (1/3 de taza) de queso pecorino picante rallado
40 g de queso mozzarella de búfala troceado

Precalentar el horno a 160 °C.

Para preparar el ragú de pato, calentar el aceite de oliva en una cazuela de fondo grueso a fuego medio, añadir la cebolla, la zanahoria, el apio y el ajo y cocer durante 5 minutos o hasta que estén tiernos. Añadir el pato y cocer durante 10 minutos o hasta que se dore; a continuación, añadir el perejil y el vino y poner a fuego lento hasta que se haya evaporado casi del todo. Añadir los tomates, tapar y cocer durante 3 horas o hasta que la carne casi se desprenda del hueso. Quitar los huesos, desmenuzar la carne y devolverla a la salsa, añadir sal al gusto. El ragú de pato se conserva congelado hasta 3 meses y además es una salsa deliciosa para la pasta fresca. Con esta cantidad se elaboran 1, 25 litros (5 tazas).

Meter en el horno una piedra para pizza o una bandeja para horno de fondo grueso y precalentarlo a 190 °C.

Espolvorear ligeramente con sémola la zona de amasar, extender la masa formando una circunferencia de 30 cm y colocarla en una bandeja para pizza. Extender 250 ml (1 taza) del ragú de pato por un lado de la base, dejando un borde de 2 cm; espolvorear los quesos por encima, y luego doblar el otro lado de la masa sobre el relleno, pellizcando el borde a intervalos de 1 cm para evitar que se escapen los jugos. Depositar sobre la piedra o la bandeja precalentada y cocer durante 8-10 minutos o hasta que la pizza esté dorada y crujiente.

Calzone de sesos de cordero y champiñones

Para elaborar una pizza calzone de 30 cm

2 cucharadas de aceite de oliva
80 g de sesos limpios de cordero (pedir al carnicero)
80 g de champiñones pequeños cortados finos
40 g (⅓ de taza) de trocitos de boniatos, hechos al vapor hasta que estén medio cocidos
sémola gruesa para espolvorear
1 porción de masa para pizza (página 12)
2 huevos duros cortados en cuartos
1 cucharada de perejil picado
60 g de queso mozzarella de búfala troceado
30 g (⅓ de taza) de queso pecorino rallado

Meter en el horno una piedra para pizza o una bandeja de fondo grueso para horno y precalentarlo a 190 °C.

Calentar el aceite de oliva en una sartén de fondo grueso a fuego medio-alto, añadir los sesos y freírlos 40 segundos o hasta que se doren. Sacarlos de la sartén, añadir los champiñones y el boniato y cocinar 8 minutos o hasta que el boniato esté tierno. Apartar la sartén del fuego y añadir sal al gusto.

Espolvorear ligeramente con sémola la zona de amasar, extender la masa formando una circunferencia de 30 cm y colocarla en una bandeja para pizza. Extender la mezcla de champiñones por un lado de la base y cubrir con los huevos, el perejil, los sesos, la mozzarella de búfala y el pecorino, en este orden. Doblar el otro lado sobre el relleno, pellizcando el borde a intervalos de 1 cm, para evitar que se escapen los jugos. Depositar sobre la piedra o la bandeja precalentada y cocer durante 8-10 minutos o hasta que la pizza esté dorada y crujiente.

Calzone de lentejas estofadas y cotechino

Para elaborar una pizza calzone de 30 cm

2 cucharadas de aceite de oliva
1 zanahoria pequeña cortada fina
1 cebolla pequeña cortada fina
1 salchicha *cotechino* de Módena u otra salchicha fresca con carne de cerdo escaldada
95 g (½ taza) de lentejas de Puy
375 ml (1 ½ taza) de caldo de pollo
40 g de queso taleggio
3 cucharadas de queso pecorino rallado
sémola gruesa para espolvorear
1 porción de masa para pizza (página 12)

Calentar el aceite en una cazuela de fondo grueso a fuego bajo, añadir la zanahoria y la cebolla y cocer durante 6-8 minutos o hasta que estén tiernas. Cortar 150 g de salchicha *cotechino* en rodajas de 5 mm de grosor, añadir a los vegetales junto con las lentejas y el caldo y dejar a fuego muy lento durante 1 hora y media o hasta que las lentejas estén tiernas. Apartar del fuego, dejar enfriar e incorporar los quesos; añadir sal al gusto.

Meter en el horno una piedra para pizza o una bandeja para horno de fondo grueso y precalentarlo a 190 ºC.

Espolvorear ligeramente con sémola la zona de amasar, extender la masa formando una circunferencia de 30 cm y colocarla en una bandeja para pizza. Extender la mezcla de lentejas y *cotechino* por un lado de la base y luego doblar el otro sobre el relleno y pellizcar el borde a intervalos de 1 cm para evitar que se escapen los jugos. Depositar sobre la piedra o en la bandeja para horno y cocer durante 8-10 minutos o hasta que la pizza esté dorada y crujiente.

Calzone de carne de cerdo

Para elaborar una pizza calzone de 30 cm

1 cucharada de aceite de oliva
100 g (½ taza) de carne de cerdo picada gruesa e hinojo
2 cucharadas de perejil picado
75 g (⅓ de taza) de corazones de alcachofa marinados en aceite, escurridos y cortados
sémola gruesa para espolvorear
1 porción de masa para pizza (página 12)
1 huevo duro cortado en trozos grandes
50 g (½ taza) de virutas de queso provolone dulce
70 g (½ taza) de virutas finas de hinojo
1 cucharada de aliño de limón (página 28)

Calentar el aceite de oliva en una sartén de fondo grueso a fuego medio, añadir la carne de cerdo picada y cocinar deshaciendo la carne con ayuda de una cuchara de madera durante 3 minutos o hasta que esté dorada. Añadir el perejil y las alcachofas, añadir sal al gusto y apartar del fuego.

Meter en el horno una piedra para pizza o una bandeja para horno de fondo grueso y precalentarlo a 190 °C.

Espolvorear ligeramente con sémola la zona de amasar, extender la masa formando una circunferencia de 30 cm y colocarla en una bandeja para pizza. Extender la mezcla de carne por la mitad de la base, dejando un borde de 2 cm; repartir por encima el huevo y el provolone, y luego doblar el otro lado sobre el relleno, pellizcando los bordes con un intervalo de 1 cm para evitar que se salgan los jugos. Depositar sobre la piedra o la bandeja precalentadas y cocer durante 8-10 minutos o hasta que esté dorada y crujiente. Sacar del horno, mezclar el hinojo con el aliño de limón y servirlo en una salsera.

Minipizzas de queso, tomate y albahaca

Para elaborar 8 minipizzas de 6 cm

sémola gruesa para espolvorear
1 porción de masa para pizza (página 12)
½ medida de salsa básica para pizza (página 18)
2 tomates pera cortados finos
3 cucharadas de queso mozzarella rallado
3 cucharadas de queso cheddar rallado
6 hojas de albahaca

Meter en el horno una piedra para pizza o una bandeja para horno de fondo grueso y aumentar la temperatura a 250 °C.

Espolvorear ligeramente con sémola la zona de amasar y extender la masa formando una circunferencia de 30 cm. Usando un molde de 6 cm, cortar la masa en ocho porciones redondas, depositarlas en una bandeja para pizza y pincharlas con un tenedor. Extender la salsa para pizza por las superficies, poner dos rodajas de tomate sobre ellas, repartir por encima los quesos mezclados y rematar con una hoja de albahaca. Depositar sobre la piedra o la bandeja precalentada y cocer durante 6 minutos o hasta que estén doradas y crujientes.

Rollo de salchicha

Para elaborar 8 rodajas

sémola gruesa para espolvorear
1 porción de masa para pizza (página 12)
½ medida de salsa básica para pizza (página 18)
3 cucharadas de queso mozzarella rallado
3 cucharadas de queso cheddar rallado
8 hojas de albahaca
200 g (1 taza) de carne picada de ternera y cerdo mezcladas (o una sola de ellas)
1 cucharada de ajo confitado (página 24)
1 cucharada de cebolla confitada (página 22)
1 cucharada de perejil picado
1 yema de huevo

Meter en el horno una piedra para pizza o una bandeja para horno de fondo grueso
y precalentarlo a 250 °C.

Espolvorear ligeramente con sémola la zona de amasar y extender la masa formando una
circunferencia de 30 cm. Extender por la base la salsa para pizza, dejando un borde de 2 cm, y
espolvorear con los quesos y las hojas de albahaca. Meter en un tazón la carne picada, el ajo
y la cebolla confitados, el perejil y la yema de huevo, añadir sal y mezclar. Formar con la masa
de carne unas canicas grandes y repartir por encima de la pizza; a continuación, formar un rollo
con esta. Cortar el rollo en rodajas de 2 cm de grosor y depositar, con la parte de la juntura
hacia abajo, en una bandeja para pizza y luego sobre la piedra o la bandeja precalentada y cocer
durante 6-8 minutos o hasta que estén doradas y crujientes.

Sabrosas minipizzas de ternera

Para elaborar 8 minipizzas de 4 cm

2 cucharadas de aceite de oliva

200 g de ternera estofada cortada en trozos de 1 cm

1 cucharada de ajo confitado (página 24)

1 cucharada de cebolla confitada (página 22)

125 ml (½ taza) de caldo de ternera

3 cucharaditas de harina de maíz

sémola gruesa para espolvorear

1 porción de masa para pizza (página 12)

2 cucharadas de tomillo picado

3 cucharadas de queso mozzarella rallado

3 cucharadas de queso cheddar rallado

Calentar el aceite en una cazuela de fondo grueso a fuego medio-alto, añadir la ternera y dejarla hasta que esté dorada del todo. Añadir los vegetales confitados y el caldo, tapar y cocer a fuego muy bajo, durante 1 hora o hasta que la carne esté muy tierna. Mezclar la harina de maíz con una cucharada de agua para elaborar una pasta suave y añadirla a la cazuela junto con el tomillo; mezclar y cocer a fuego muy lento hasta que la salsa haya espesado. La mezcla no tiene que ser demasiado líquida, para que la base de las pizzas no quede muy blanda.

Meter en el horno una piedra para pizza o una bandeja para horno de fondo grueso y precalentarlo a 250 °C.

Espolvorear ligeramente con sémola la zona de amasar y extender la masa formando una circunferencia de 30 cm. Usando un molde de 6 cm, cortar la masa en 8 porciones redondas y usarlas para forrar la base y los lados de 8 moldes para quiche de 4 cm. Llenar los moldes con la mezcla de carne de ternera, espolvorear con los quesos, depositar sobre la piedra o la bandeja precalentada y cocer durante 6-8 minutos o hasta que estén doradas y crujientes.

Minipizzas de jamón y piña

Para elaborar 8 pizzas de 6 cm

100 g de piña natural fresca
sémola gruesa para espolvorear
1 porción de masa pasa pizza (página 12)
½ medida de salsa básica para pizza (página 18)
1 cucharada de perejil picado
75 g (½ taza) de queso mozzarella rallado
100 g (²/³ de taza) de jamón ahumado, cortado a mano del hueso

Precalentar el horno a 180 °C. Meter la piña en una pequeña bandeja de asar y cocer durante 20 minutos o hasta que la parte exterior empiece a dorarse; entonces, dejar enfriar y cortar en rodajas finas.

Meter en el horno una piedra para pizza o una bandeja para horno de fondo grueso y precalentarlo a 250 °C.

Espolvorear ligeramente con sémola la zona de amasar y extender la masa formando una circunferencia de 30 cm. Usando un molde de 6 cm, cortar la masa en 8 porciones redondas, depositar sobre una bandeja para pizza y pinchar con un tenedor. Extender por las superficies la salsa para pizza y repartir por ellas el perejil, la piña, la mozzarella y el jamón, en este orden. Depositar la bandeja sobre la piedra o la bandeja precalentadas y cocer durante 6 minutos o hasta que las pizzas estén doradas y crujientes.

Minipizzas de bistec, huevo y beicon

Para elaborar 8 minipizzas de 6 cm

2 cucharadas de aceite de oliva
1 cebolla cortada fina
un filete de ternera de 100 g
sémola gruesa para espolvorear
1 porción de masa para pizza (página 12)
½ medida de salsa básica para pizza (página 18)
3 cucharadas de queso mozzarella rallado
70 g de beicon sin corteza cortado en juliana
1 huevo
1 cucharada de parmesano rallado
1 cucharada de perejil picado

Calentar la mitad del aceite en una sartén de fondo grueso a fuego lento, añadir la cebolla, sazonar al gusto y cocer durante 6 minutos o hasta que se haya caramelizado ligeramente.

Entretanto, condimentar la carne al gusto, calentar el resto del aceite de oliva en una sartén de fondo grueso a fuego alto y freír el bistec durante 30 segundos por cada lado o hasta que se dore pero conserve aún zonas rosadas. Dejar reposar el bistec 10 minutos y luego cortarlo en dirección perpendicular a las vetas en rodajas finas.

Meter en el horno una piedra para pizza o una bandeja para horno de fondo grueso y precalentarlo a 250 ºC.

Espolvorear ligeramente con sémola la zona de amasar y extender la masa formando una circunferencia de 30 cm. Usando un molde de 6 cm, cortar la masa en 8 porciones redondas, depositarlas sobre una bandeja para pizza y pincharlas con un tenedor. Extender por las superficies la salsa para pizza y repartir por encima la mozzarella, la cebolla y el beicon. Batir ligeramente el huevo, mezclándolo con el parmesano y el perejil, condimentar al gusto y verterlo sobre las pizzas. Depositarlas sobre la piedra o la bandeja precalentadas y cocer durante 6 minutos o hasta que estén doradas y crujientes. Sacar las pizzas del horno, cubrirlas con las rodajas de filete y servir.

Pizzas de postre

Siempre se ha dicho que la pizza de postre no es una pizza «auténtica». Tal vez sea cierto que las pizzas dulces no son «tradicionales», pero en Italia una de ellas —la pizza de chocolate y avellanas— lleva décadas siendo popular. Y ¿por qué no? Imagínate lo que es estar sentado a la mesa degustando algo deliciosamente dulce y crujiente al mismo tiempo. . . A mí no me suena nada mal, ¿verdad? Me encantan las pizzas de postre y a mi familia y mis jefes les sucede lo mismo. A continuación incluyo algunas de las pizzas dulces más sencillas y sabrosas que podrás degustar en tu vida.

Mi pizza favorita de chocolate

Para elaborar 2 pizzas de 15 cm

115 g (½ taza) de azúcar blanco muy fino
1 cucharada de zumo de limón
sémola gruesa para espolvorear
1 porción de masa dulce para pizza (página 14) o de masa para pizza (página 12)
100 g de crema de chocolate y avellanas
2 cucharadas de queso mascarpone
12 cerezas al marrasquino cortadas por la mitad
12 delicias turcas
40 g (⅓ de taza) de pistachos sin sal picados
helado de vainilla para servir

Calentar el azúcar y el zumo de limón en una cazuela pequeña de fondo grueso a fuego lento, sacudiéndola de vez en cuando, hasta que el azúcar se derrita y se convierta en un caramelo ligero. Verter el caramelo en una bandeja para horno forrada de papel de horno y extender hasta que forme una capa muy fina. Dejar que cuaje.

Meter en el horno una piedra para pizza o una bandeja para horno de fondo grueso y precalentarlo a 250 °C.

Espolvorear ligeramente con sémola la zona de amasar, extender la masa formando dos circunferencias (o la forma que se prefiera) de 15 cm, depositarlas en una bandeja para pizza y pincharlas con un tenedor. Extender por las superficies la crema de chocolate y avellanas, y cubrirlas con pequeñas cucharadas de mascarpone, repartiendo las cerezas por encima. Depositar sobre la piedra o la bandeja precalentada y cocer durante 5 minutos o hasta que las bases estén doradas y crujientes.

Sacar del horno, repartir por encima las delicias turcas y los pistachos. Romper el caramelo en trocitos, repartirlos por encima y servir las pizzas con el helado de vainilla.

Variante: Extender por las bases la crema de chocolate y avellanas, y cocer durante 5 minutos. Mezclar tres fresas picadas con una bola grande de helado de vainilla, depositar cada bola en una de las pizzas, repartir por encima 50 g (⅓ de taza) de chocolate rallado y servir.

Pizza de peras al vino y almendras

Para elaborar 2 pizzas de 15 cm

Peras

500 ml (2 tazas) de vino tinto

230 g (1 taza) de azúcar blanco muy fino

1 rama de canela

¼ de anís estrellado

3 clavos

2 peras limoneras o 2 peras pequeñas y duras

2 claras de huevo

115 g (½ taza) de azúcar blanco muy fino

155 g (1 taza) de almendras blanqueadas molidas finas

25 g de chocolate blanco picado fino

sémola gruesa para espolvorear

1 porción de masa dulce para pizza (página 14) o de masa para pizza (página 12)

6 bolas pequeñas de helado de vainilla

2 cucharadas de almendras fileteadas y tostadas

azúcar glasé para espolvorear

Para preparar las peras, meter el vino, el azúcar y las especias en una cazuela a fuego medio y dejarlas hasta que empiecen a cocerse a fuego lento. Pelar y quitar el corazón de las peras, meterlas en la salsa de vino, taparlas con papel de horno y cocer a fuego lento durante 8 minutos. Apartar la cazuela del fuego, dejar que las peras se enfríen en el líquido, después sacarlas y cortarlas a lo largo en rodajas de 3 cm.

Entretanto, para elaborar la mezcla de almendras, batir las claras de huevo a punto de nieve, e ir añadiendo paulatinamente el azúcar, batiéndolo hasta que la mezcla esté espesa y reluciente. Añadir las almendras picadas y mezclarlo todo.

Meter en el horno una piedra para pizza o una bandeja para horno de fondo grueso y precalentarlo a 250 °C.

Espolvorear con sémola la zona de amasar, extender la masa formando dos circunferencias de 15 cm, depositarlas en una bandeja para pizza y pincharlas con un tenedor. Extender por las superficies la mezcla de almendras, espolvorear con el chocolate y repartir las peras troceadas. Depositar las pizzas sobre la piedra o la bandeja precalentada y cocer durante 5 minutos o hasta que las bases estén doradas y crujientes. Sacar del horno, cubrir con las bolas de helado, repartir las almendras tostadas, espolvorear con el azúcar glasé y servir.

Minipizzas de queso, tomate y albahaca

Para elaborar 8 minipizzas de 6 cm

sémola gruesa para espolvorear
1 porción de masa para pizza (página 12)
½ medida de salsa básica para pizza (página 18)
2 tomates pera cortados finos
3 cucharadas de queso mozzarella rallado
3 cucharadas de queso cheddar rallado
6 hojas de albahaca

Meter en el horno una piedra para pizza o una bandeja para horno de fondo grueso y aumentar la temperatura a 250 °C.

Espolvorear ligeramente con sémola la zona de amasar y extender la masa formando una circunferencia de 30 cm. Usando un molde de 6 cm, cortar la masa en ocho porciones redondas, depositarlas en una bandeja para pizza y pincharlas con un tenedor. Extender la salsa para pizza por las superficies, poner dos rodajas de tomate sobre ellas, repartir por encima los quesos mezclados y rematar con una hoja de albahaca. Depositar sobre la piedra o la bandeja precalentada y cocer durante 6 minutos o hasta que estén doradas y crujientes.

Rollo de salchicha

Para elaborar 8 rodajas

sémola gruesa para espolvorear
1 porción de masa para pizza (página 12)
½ medida de salsa básica para pizza (página 18)
3 cucharadas de queso mozzarella rallado
3 cucharadas de queso cheddar rallado
8 hojas de albahaca
200 g (1 taza) de carne picada de ternera y cerdo mezcladas (o una sola de ellas)
1 cucharada de ajo confitado (página 24)
1 cucharada de cebolla confitada (página 22)
1 cucharada de perejil picado
1 yema de huevo

Meter en el horno una piedra para pizza o una bandeja para horno de fondo grueso y precalentarlo a 250 °C.

Espolvorear ligeramente con sémola la zona de amasar y extender la masa formando una circunferencia de 30 cm. Extender por la base la salsa para pizza, dejando un borde de 2 cm, y espolvorear con los quesos y las hojas de albahaca. Meter en un tazón la carne picada, el ajo y la cebolla confitados, el perejil y la yema de huevo, añadir sal y mezclar. Formar con la masa de carne unas canicas grandes y repartir por encima de la pizza; a continuación, formar un rollo con esta. Cortar el rollo en rodajas de 2 cm de grosor y depositar, con la parte de la juntura hacia abajo, en una bandeja para pizza y luego sobre la piedra o la bandeja precalentada y cocer durante 6-8 minutos o hasta que estén doradas y crujientes.

Sabrosas minipizzas de ternera

Para elaborar 8 minipizzas de 4 cm

2 cucharadas de aceite de oliva
200 g de ternera estofada cortada en trozos de 1 cm
1 cucharada de ajo confitado (página 24)
1 cucharada de cebolla confitada (página 22)
125 ml (½ taza) de caldo de ternera
3 cucharaditas de harina de maíz
sémola gruesa para espolvorear
1 porción de masa para pizza (página 12)
2 cucharadas de tomillo picado
3 cucharadas de queso mozzarella rallado
3 cucharadas de queso cheddar rallado

Calentar el aceite en una cazuela de fondo grueso a fuego medio-alto, añadir la ternera y dejarla hasta que esté dorada del todo. Añadir los vegetales confitados y el caldo, tapar y cocer a fuego muy bajo, durante 1 hora o hasta que la carne esté muy tierna. Mezclar la harina de maíz con una cucharada de agua para elaborar una pasta suave y añadirla a la cazuela junto con el tomillo; mezclar y cocer a fuego muy lento hasta que la salsa haya espesado. La mezcla no tiene que ser demasiado líquida, para que la base de las pizzas no quede muy blanda.

Meter en el horno una piedra para pizza o una bandeja para horno de fondo grueso y precalentarlo a 250 °C.

Espolvorear ligeramente con sémola la zona de amasar y extender la masa formando una circunferencia de 30 cm. Usando un molde de 6 cm, cortar la masa en 8 porciones redondas y usarlas para forrar la base y los lados de 8 moldes para quiche de 4 cm. Llenar los moldes con la mezcla de carne de ternera, espolvorear con los quesos, depositar sobre la piedra o la bandeja precalentada y cocer durante 6-8 minutos o hasta que estén doradas y crujientes.

Minipizzas de jamón y piña

Para elaborar 8 pizzas de 6 cm

100 g de piña natural fresca
sémola gruesa para espolvorear
1 porción de masa pasa pizza (página 12)
½ medida de salsa básica para pizza (página 18)
1 cucharada de perejil picado
75 g (½ taza) de queso mozzarella rallado
100 g (²/₃ de taza) de jamón ahumado, cortado a mano del hueso

Precalentar el horno a 180 ºC. Meter la piña en una pequeña bandeja de asar y cocer durante 20 minutos o hasta que la parte exterior empiece a dorarse; entonces, dejar enfriar y cortar en rodajas finas.

Meter en el horno una piedra para pizza o una bandeja para horno de fondo grueso y precalentarlo a 250 ºC.

Espolvorear ligeramente con sémola la zona de amasar y extender la masa formando una circunferencia de 30 cm. Usando un molde de 6 cm, cortar la masa en 8 porciones redondas, depositar sobre una bandeja para pizza y pinchar con un tenedor. Extender por las superficies la salsa para pizza y repartir por ellas el perejil, la piña, la mozzarella y el jamón, en este orden. Depositar la bandeja sobre la piedra o la bandeja precalentadas y cocer durante 6 minutos o hasta que las pizzas estén doradas y crujientes.

Minipizzas de bistec, huevo y beicon

Para elaborar 8 minipizzas de 6 cm

2 cucharadas de aceite de oliva
1 cebolla cortada fina
un filete de ternera de 100 g
sémola gruesa para espolvorear
1 porción de masa para pizza (página 12)
½ medida de salsa básica para pizza (página 18)
3 cucharadas de queso mozzarella rallado
70 g de beicon sin corteza cortado en juliana
1 huevo
1 cucharada de parmesano rallado
1 cucharada de perejil picado

Calentar la mitad del aceite en una sartén de fondo grueso a fuego lento, añadir la cebolla, sazonar al gusto y cocer durante 6 minutos o hasta que se haya caramelizado ligeramente.

Entretanto, condimentar la carne al gusto, calentar el resto del aceite de oliva en una sartén de fondo grueso a fuego alto y freír el bistec durante 30 segundos por cada lado o hasta que se dore pero conserve aún zonas rosadas. Dejar reposar el bistec 10 minutos y luego cortarlo en dirección perpendicular a las vetas en rodajas finas.

Meter en el horno una piedra para pizza o una bandeja para horno de fondo grueso y precalentarlo a 250 °C.

Espolvorear ligeramente con sémola la zona de amasar y extender la masa formando una circunferencia de 30 cm. Usando un molde de 6 cm, cortar la masa en 8 porciones redondas, depositarlas sobre una bandeja para pizza y pincharlas con un tenedor. Extender por las superficies la salsa para pizza y repartir por encima la mozzarella, la cebolla y el beicon. Batir ligeramente el huevo, mezclándolo con el parmesano y el perejil, condimentar al gusto y verterlo sobre las pizzas. Depositarlas sobre la piedra o la bandeja precalentadas y cocer durante 6 minutos o hasta que estén doradas y crujientes. Sacar las pizzas del horno, cubrirlas con las rodajas de filete y servir.

Pizzas de postre

Siempre se ha dicho que la pizza de postre no es una pizza «auténtica». Tal vez sea cierto que las pizzas dulces no son «tradicionales», pero en Italia una de ellas —la pizza de chocolate y avellanas— lleva décadas siendo popular. Y ¿por qué no? Imagínate lo que es estar sentado a la mesa degustando algo deliciosamente dulce y crujiente al mismo tiempo. . . A mí no me suena nada mal, ¿verdad? Me encantan las pizzas de postre y a mi familia y mis jefes les sucede lo mismo. A continuación incluyo algunas de las pizzas dulces más sencillas y sabrosas que podrás degustar en tu vida.

Mi pizza favorita de chocolate

Para elaborar 2 pizzas de 15 cm

115 g (½ taza) de azúcar blanco muy fino
1 cucharada de zumo de limón
sémola gruesa para espolvorear
1 porción de masa dulce para pizza (página 14) o de masa para pizza (página 12)
100 g de crema de chocolate y avellanas
2 cucharadas de queso mascarpone
12 cerezas al marrasquino cortadas por la mitad
12 delicias turcas
40 g (⅓ de taza) de pistachos sin sal picados
helado de vainilla para servir

Calentar el azúcar y el zumo de limón en una cazuela pequeña de fondo grueso a fuego lento, sacudiéndola de vez en cuando, hasta que el azúcar se derrita y se convierta en un caramelo ligero. Verter el caramelo en una bandeja para horno forrada de papel de horno y extender hasta que forme una capa muy fina. Dejar que cuaje.

Meter en el horno una piedra para pizza o una bandeja para horno de fondo grueso y precalentarlo a 250 °C.

Espolvorear ligeramente con sémola la zona de amasar, extender la masa formando dos circunferencias (o la forma que se prefiera) de 15 cm, depositarlas en una bandeja para pizza y pincharlas con un tenedor. Extender por las superficies la crema de chocolate y avellanas, y cubrirlas con pequeñas cucharadas de mascarpone, repartiendo las cerezas por encima. Depositar sobre la piedra o la bandeja precalentada y cocer durante 5 minutos o hasta que las bases estén doradas y crujientes.

Sacar del horno, repartir por encima las delicias turcas y los pistachos. Romper el caramelo en trocitos, repartirlos por encima y servir las pizzas con el helado de vainilla.

Variante: Extender por las bases la crema de chocolate y avellanas, y cocer durante 5 minutos. Mezclar tres fresas picadas con una bola grande de helado de vainilla, depositar cada bola en una de las pizzas, repartir por encima 50 g (⅓ de taza) de chocolate rallado y servir.

Pizza de peras al vino y almendras

Para elaborar 2 pizzas de 15 cm

Peras

500 ml (2 tazas) de vino tinto
230 g (1 taza) de azúcar blanco muy fino
1 rama de canela
¼ de anís estrellado
3 clavos
2 peras limoneras o 2 peras pequeñas y duras

2 claras de huevo
115 g (½ taza) de azúcar blanco muy fino
155 g (1 taza) de almendras blanqueadas molidas finas
25 g de chocolate blanco picado fino
sémola gruesa para espolvorear
1 porción de masa dulce para pizza (página 14) o de masa para pizza (página 12)
6 bolas pequeñas de helado de vainilla
2 cucharadas de almendras fileteadas y tostadas
azúcar glasé para espolvorear

Para preparar las peras, meter el vino, el azúcar y las especias en una cazuela a fuego medio y dejarlas hasta que empiecen a cocerse a fuego lento. Pelar y quitar el corazón de las peras, meterlas en la salsa de vino, taparlas con papel de horno y cocer a fuego lento durante 8 minutos. Apartar la cazuela del fuego, dejar que las peras se enfríen en el líquido, después sacarlas y cortarlas a lo largo en rodajas de 3 cm.

Entretanto, para elaborar la mezcla de almendras, batir las claras de huevo a punto de nieve, e ir añadiendo paulatinamente el azúcar, batiéndolo hasta que la mezcla esté espesa y reluciente. Añadir las almendras picadas y mezclarlo todo.

Meter en el horno una piedra para pizza o una bandeja para horno de fondo grueso y precalentarlo a 250 °C.

Espolvorear con sémola la zona de amasar, extender la masa formando dos circunferencias de 15 cm, depositarlas en una bandeja para pizza y pincharlas con un tenedor. Extender por las superficies la mezcla de almendras, espolvorear con el chocolate y repartir las peras troceadas. Depositar las pizzas sobre la piedra o la bandeja precalentada y cocer durante 5 minutos o hasta que las bases estén doradas y crujientes. Sacar del horno, cubrir con las bolas de helado, repartir las almendras tostadas, espolvorear con el azúcar glasé y servir.

Pizza banana split

Para elaborar 2 pizzas de 15 cm

Salsa de caramelo
50 g de azúcar blanco muy fino
1 cucharada de zumo de limón
25 g de mantequilla
1 cucharadita de nata líquida

sémola gruesa para espolvorear
1 porción de masa dulce para pizza (página 14) o de masa para pizza (página 12)
2 plátanos cortados finos
helado de vainilla para servir
perlas de azúcar de colores para adornar

Para elaborar el caramelo, meter el azúcar y el zumo de limón en una cazuela de fondo grueso a fuego lento y cocer, sacudiendo la cazuela de vez en cuando, hasta que se forme un caramelo ligero. Añadir la mantequilla y la nata, batirlas para que se mezclen y apartar la cazuela del fuego.

Meter en el horno una piedra para pizza o una bandeja para horno de fondo grueso y precalentarlo a 250 °C.

Espolvorear ligeramente con sémola la zona de amasar, extender la masa formando dos circunferencias (o la forma que se prefiera) de 15 cm, depositarlas en una bandeja para pizza y pincharlas con un tenedor. Repartir por las superficies los trozos de plátano, depositar las pizzas sobre la piedra o la bandeja precalentada y cocer durante 4-6 minutos o hasta que las bases estén doradas y crujientes. Sacar las pizzas del horno, cubrir con el helado, verter por encima el caramelo y las perlas de colores y servir.

Pizza de cerezas y almendras

Para elaborar 2 pizzas de 15 cm

sémola gruesa para espolvorear
1 porción de masa dulce para pizza (página 14) o de masa para pizza (página 12)
100 g de mazapán
100 g de cerezas deshuesadas
2 cucharadas de crema líquida (disponible en supermercados) y un poco más para servir
helado de almendra o de vainilla para servir
1 cucharada de almendras tostadas cortadas en láminas

Meter en el horno una piedra para pizza o una bandeja para horno de fondo grueso
y precalentarlo a 250 ºC.

Espolvorear ligeramente con sémola la zona de amasar, extender la masa formando dos
circunferencias (o la forma que se prefiera) de 15 cm, depositarlas en una bandeja para pizza y
pincharlas con un tenedor. Colocar el mazapán en una cazuela pequeña y remover a fuego lento
hasta que adquiera una consistencia que permita extenderlo sobre las bases. Extenderlo, mezclar
las cerezas y la crema, extender sobre el mazapán; a continuación, depositar sobre la piedra
o en la bandeja y cocer durante 5 minutos o hasta que las bases estén doradas y crujientes.
Sacar del horno, verter un poquito más de crema sobre las pizzas, cubrirlas con el helado y las
almendras tostadas y servirlas.

Pizza de melocotón y crema

Para elaborar 2 pizzas de 15 cm

sémola gruesa para espolvorear
1 porción de masa dulce para pizza (página 14) o de masa para pizza (página 12)
2 cucharaditas de miel
3 cucharadas de queso mascarpone
120 g (1 taza) de melocotón cocido bien escurrido
3 cucharadas de nata espesa
6 galletas con trocitos de chocolate desmigajadas

Meter en el horno una piedra para pizza o una bandeja para horno de fondo grueso y precalentarlo a 250 °C.

Espolvorear ligeramente con sémola la zona de amasar, extender la masa formando dos circunferencias (o la forma que se prefiera) de 15 cm, depositarlas en una bandeja para pizza y pincharlas con un tenedor. Mezclar la miel con el mascarpone hasta que formen una pasta homogénea, extenderla luego sobre las superficies y cubrirlas con los trozos de melocotón cocido. Depositar las pizzas sobre la piedra o la bandeja precalentada y cocer durante 5 minutos o hasta que las bases estén doradas y crujientes. Sacar del horno, cubrir con la nata mezclada con las migas de las galletas de chocolate y servir.

Pizza de merengue italiano tibio y uvas al vincotto

Para elaborar 2 pizzas de 15 cm

20 g de mantequilla
90 g (½ taza) de uvas rojas sin pepitas peladas
125 ml (½ taza) de vincotto o mosto
3 claras de huevo
1 cucharada de azúcar blanco muy fino
sémola gruesa para espolvorear
1 porción de masa dulce para pizza (página 14) o de masa para pizza (página 12)

Derretir la mantequilla en una cazuela pequeña de fondo grueso a fuego medio, añadir las uvas y cocerlas durante 3 minutos o hasta que estén tiernas. Sacar las uvas, añadir el vincotto y cocer a fuego lento hasta que se haya reducido a la mitad. Devolver las uvas a la cazuela, moverlas para mezclarlas bien con el líquido, apartarlas del fuego y dejar que se enfríen.

Meter en el horno una piedra para pizza o una bandeja para horno de fondo grueso y precalentarlo a 250 °C.

Con ayuda de una batidora eléctrica, batir las claras de huevo a punto de nieve. Mientras tanto, meter el azúcar y una cucharada de agua en una cazuela pequeña y dejarla al fuego hasta que hierva. Sin dejar de batir la mezcla, añadir gradualmente el sirope caliente a las claras batidas y batirlas hasta que estén espesas y relucientes.

Espolvorear ligeramente con sémola la zona de amasar, extender la masa formando dos circunferencias (o la forma que se prefiera) de 15 cm, depositarlas en una bandeja para pizza y pincharlas con un tenedor. Extender por las superficies el merengue italiano, depositarlas sobre la piedra o en la bandeja y cocer durante 4-6 minutos o hasta que las bases estén doradas y crujientes, asegurándose de que el merengue no se queme. Sacar del horno, repartir por encima las uvas al vincotto y servir.

Pizza de arándanos, coco y chocolate

Para elaborar 2 pizzas de 15 cm

Zabaglione de licor de chocolate
2 yemas de huevo
1 cucharadita de azúcar blanco muy fino
3 cucharadas de licor de chocolate

sémola gruesa para espolvorear
1 porción de masa dulce para pizza (página 14) o de masa para pizza (página 12)
una tableta de 150 g de chocolate de coco
40 g de arándanos
2 cucharadas de virutas de chocolate blanco

Para preparar el _zabaglione_ de licor de chocolate, batir las yemas de huevo y el azúcar en un bol ignífugo colocado sobre una cazuela de agua a fuego lento, hasta que se espese y adquiera un tono claro; añadir entonces el licor y batir hasta que la mezcla se espese lo suficiente como para poder pintar con ella.

Meter en el horno una piedra para pizza o una bandeja para horno de fondo grueso y precalentarlo a 250 °C.

Espolvorear ligeramente con sémola la zona de amasar, extender la masa formando dos circunferencias (o la forma que se prefiera) de 15 cm, depositarlas en una bandeja para pizza y pincharlas con un tenedor. Desmenuzar en partes iguales y por las superficies la tableta de chocolate de coco, repartir por encima los arándanos, depositar sobre la piedra o la bandeja precalentada y cocer durante 4-6 minutos o hasta que las bases estén doradas y crujientes. Sacar del horno, echar por encima el _zabaglione_ y las virutas de chocolate y servir.

Pizza de chocolate con leche y espuma de nube de café

Para elaborar dos pizzas de 15 cm

sémola gruesa para espolvorear
1 porción de masa dulce para pizza (página 14) o de masa para pizza (página 12)
100 g de chocolate con leche fundido
2 cucharadas de queso mascarpone
7 nubes cortadas por la mitad
125 ml (½ taza) de leche de soja
2 cucharadas de café expreso muy negro

Meter en el horno una piedra para pizza o una bandeja para horno de fondo grueso y precalentarlo a 250 °C.

Espolvorear ligeramente con sémola la zona de amasar, extender la masa formando dos circunferencias (o la forma que se prefiera) de 15 cm, depositarlas en una bandeja para pizza y pincharlas con un tenedor. Verter por las superficies el chocolate fundido y repartir bolas de mascarpone por encima; depositar las bases sobre la piedra o la bandeja precalentada y cocer durante 4 minutos. Repartir por encima las nubes y cocer 1 o 2 minutos más o hasta que las bases estén doradas y crujientes.

Entretanto, verter la leche de soja en una cazuela pequeña y ponerla a fuego lento, calentándola a 50 °C. Añadir el café y remover la mezcla a fuego lento hasta que esté tibia; entonces, con ayuda de una batidora manual, batir la mezcla hasta que esté espumosa. Sacar las pizzas del horno, verter por encima la espuma de café y servir.

Índice